# AFINAL, QUANDO VOU ME APOSENTAR?

## PREVIDÊNCIA: MITOS E VERDADES

**DANILO DE OLIVEIRA**

PREFÁCIO DE WAGNER BALERA

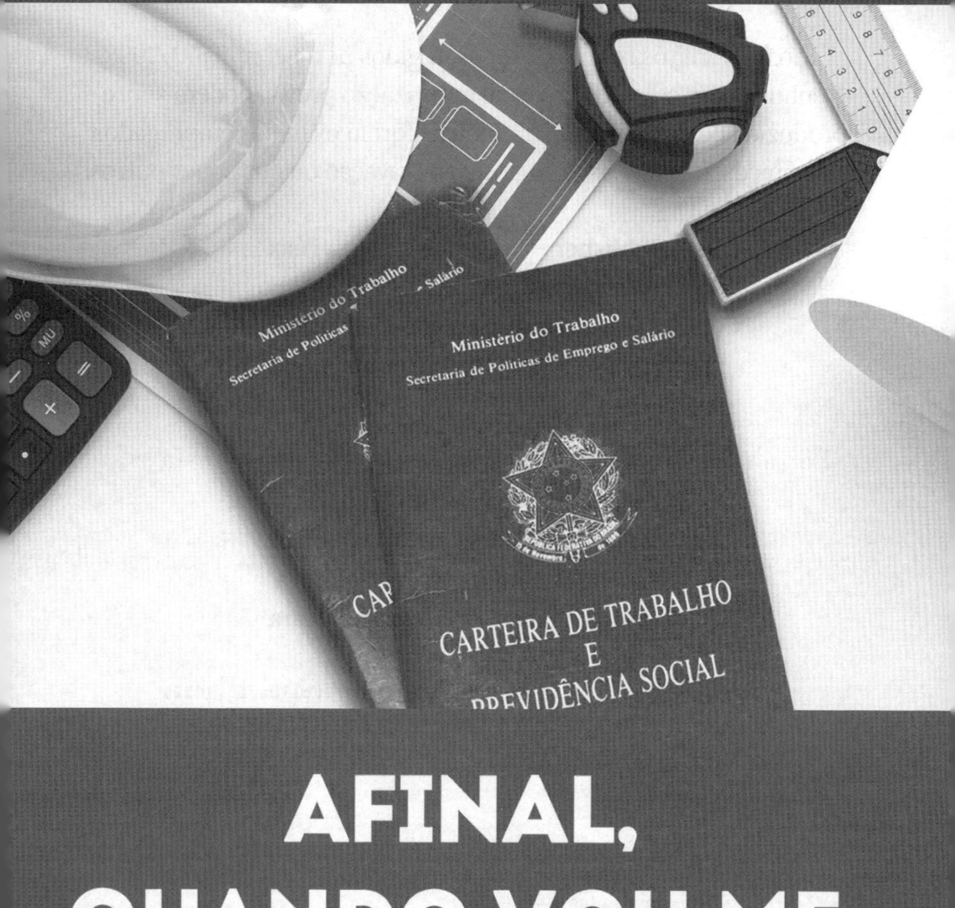

# AFINAL, QUANDO VOU ME APOSENTAR?

## PREVIDÊNCIA: MITOS E VERDADES

©Matrioska Editora 2020
©Danilo de Oliveira 2020

Todos os direitos reservados e protegidos pela Lei nº 9.610/1998. Nenhuma parte deste livro, sem autorização prévia, poderá ser reproduzida ou transmitida sejam quais forem os meios empregados: eletrônicos, mecânicos, fotográficos, gravação ou quaisquer outros.

**Publisher** – Editorial: Luciana Félix
**Publisher** – Comercial: Patrícia Melo
**Copidesque e revisão**: Equipe Matrioska Editora
**Editoração e capa:** Marcelo Correia da Silva

**Matrioska Editora**
Atendimento e venda direta ao leitor:
www.matrioskaeditora.com.br
contato@matrioskaeditora.com.br
facebook.com/matrioskaeditora
instagram.com/matrioskaeditora

```
Dados Internacionais de Catalogação na Publicação (CIP)
          (Câmara Brasileira do Livro, SP, Brasil)

    Oliveira, Danilo de
      Afinal, quando vou me aposentar? : previdência :
    mitos e verdades / Danilo de Oliveira. -- 1. ed. --
    São Paulo : Matrioska Editora, 2020.

      Bibliografia
      ISBN 978-65-86985-06-1

      1. Aposentadoria - Brasil 2. Benefícios (Direito
    previdenciário) 3. Previdência social 4. Seguridade
    social - Brasil I. Título.

20-42498                      CDU-34:331.25:368.4(81)
             Índices para catálogo sistemático:

    1. Brasil : Aposentadoria e previdência social :
       Direito   34:331.25:368.4(81)

    Maria Alice Ferreira - Bibliotecária - CRB-8/7964
```

**Impresso no Brasil**
**2020**

# Homenagem

Toda caminhada começa com o primeiro passo. O nosso primeiro passo no Direito Previdenciário foi orientado pelo Prof. Armando Luiz da Silva, em 2004. À época, a excelência das aulas ministradas na graduação em Direito, fruto do domínio do tema e da didática formidável, me despertou o interesse pela área e me impulsionou a nela me enveredar anos mais tarde. Hoje, presto essa singela homenagem ao dileto amigo, que muito me honrou ao aceitar o convite para lecionar em nossa Pós-Graduação em Direito do Trabalho e Previdência Social, junto à Universidade Santa Cecília (UNISANTA), em Santos-SP.

Obrigado, Prof. Armando Luiz da Silva, por inspirar muitos, como eu, a exercer a atividade da advocacia na área do Direito Previdenciário, com ética e dedicação! Obrigado!

# Apresentação

Este livro foi pensado e escrito para você, cidadã, cidadão, que tenha dúvidas ou interesse pelo tema aposentadoria. Trabalhador, desempregado, autônomo, dona de casa, estudante, jovem, pessoa com deficiência, idosa e até mesmo aposentado ou pensionista que tenha questionamentos sobre a Previdência Social brasileira, sobre o seu direito às aposentadorias e pensões concedidas e mantidas pelo INSS.

O nosso objetivo com esse conteúdo extremamente didático e todo estruturado no formato de perguntas e respostas é o de ajudar leitoras e leitores a entenderem as principais regras pertinentes ao tema e, sobretudo, os seus direitos, derrubando mitos e trazendo verdades, principalmente após a Reforma da Previdência, ocorrida em 12 de novembro de 2019, e que trouxe novos receios e inquietações.

Com este livro, a Matrioska Editora e eu pretendemos empoderar você para o exercício da cidadania, especialmente pelo conhecimento da Previdência Social brasileira e do benefício assistencial BPC-LOAS.

Importante salientar que os valores mencionados ao longo do livro, como o do salário mínimo e do teto de aposentadoria, por exemplo, eram os vigentes até a data de fechamento desta edição, em 01/09/2020.

Boa leitura!

# Prefácio

O tema e o problema da previdência social estão repletos de incertezas. Deles se ocupa, com proficiência, o autor deste livro. Basta avançar pelas páginas e verificaremos, a cada passo, o modo didático e objetivo com que o tema avança, resolvendo questões do dia a dia da comunidade protegida.

Bem situa os mitos e as verdades que vão, por vezes, se confundindo e mais se intensificam à medida em que a pessoa se aproxima da decisão a respeito do que fazer: devo ou não me aposentar? Que direitos tenho hoje?

Seguindo a fórmula clássica engendrada por Floricêno Paixão, mas dando ao conteúdo excelente rigor técnico, o autor prende a atenção pelo conteúdo prático dos enfoques e por, como promete o tema, desmistificar muitas verdades que nada mais são do que falsidades advindas da desinformação.

O trabalho é, de ponta a ponta, bem estruturado e atende, em minha opinião, os objetivos do autor.

Não lhe cabe, nem são seus objetivos, embrenhar-se nos mitos, nem tampouco testar as verdades que não são verdadeiras. Tão somente separa o joio do trigo e oferece, a quem busca informação e direito, um guia seguro.

A linguagem simplifica, ao extremo, a terminologia hermética das leis previdenciárias nas quais sobram conceitos confusos e estranhos ao leigo. Nelas, salário não é salário, mas base de cálculo, e assim por diante. Tudo a dificultar a transparência das leis para o leigo, titular do direito previdenciário.

Já disse alguém que esse conjunto normativo é legislação de consumo direto que, por essa razão, deveria ser compreensível ao homem comum.

Aquilo que o legislador não fez, Danilo de Oliveira o faz com maestria.

Advogado e professor, sabe valer-se do cabedal de conhecimento que já amealhou para abrir ao público os conhecimentos indispensáveis.

De modo eficiente e didático, sai-se muito bem de mais este desafio.

São Paulo, junho de 2020, vigésimo quinto aniversário do Mestrado em Direito Previdenciário da PUC-SP.

**Wagner Balera**
*Titular da Faculdade de Direito. Livre Docente de Direito Previdenciário do Programa de Estudos Pós-Graduados em Direito da Pontifícia Universidade Católica de São Paulo.*

# Sumário

| | |
|---|---|
| Capítulo 1. Previdência Social no Brasil | 1 |
| Capítulo 2. LOAS | 4 |
| Capítulo 3. Aposentadoria por Idade | 13 |
| Capítulo 4. Aposentadoria por Tempo de Contribuição | 15 |
| Capítulo 5. Regras de Transição | 17 |
| Capítulo 6. Desaposentação e Reaposentação | 25 |
| Capítulo 7. Aposentadoria das Pessoas com Deficiência | 28 |
| Capítulo 8. Benefícios por Incapacidade: Aposentadoria por Incapacidade Permanente e Auxílio por incapacidade temporária | 35 |
| Capítulo 9. Auxílio-Acidente | 53 |
| Capítulo 10. Salário-Maternidade | 58 |
| Capítulo 11. Pensão por Morte | 63 |
| Capítulo 12. Auxílio-Reclusão | 75 |
| Capítulo 13. Noções de Custeio | 82 |
| Capítulo 14. Códigos de Benefícios | 89 |
| Posfácio | 91 |

Capítulo 1

# Previdência Social no Brasil

 **O que é Previdência Social?**
**Resposta:** A Previdência Social, no Brasil, ao lado da Saúde e da Assistência Social, faz parte da Seguridade Social. A Seguridade Social, basicamente, corresponde a uma política pública voltada para a proteção e o amparo dos cidadãos que se encontrem em estado de necessidade, em virtude de riscos como doenças, incapacidade para o trabalho, velhice, extrema pobreza etc. Nesse contexto, a Previdência Social, em especial, cuida dos riscos sociais que retiram ou diminuem drasticamente a capacidade de o indivíduo trabalhar e obter o seu sustento digno e o de sua família. Assim, todo aquele que exerce uma atividade remunerada é considerado segurado obrigatório. Daí, deve contribuir para o custeio dos serviços e benefícios a cargo do INSS para que, se e quando for atingido por um risco social, possa ser amparado. Tecnicamente, a Previdência Social é de filiação obrigatória e de caráter contributivo.

 **A Previdência Social é de filiação obrigatória. O que isso quer dizer?**
**Resposta:** Quer dizer que toda pessoa que exerça uma atividade laborativa remunerada é automaticamente considerada segurado obrigatório. Essa filiação não depende da vontade de a pessoa se filiar ou não. Por isso, para que

o segurado possa eventualmente usufruir dos serviços e benefícios a cargo do INSS ele deve contribuir para o custeio das despesas da proteção social. Essas contribuições são tributos.

### A Previdência Social tem caráter contributivo. O que isso significa?

**Resposta:** Significa que para que o segurado possa ser beneficiado pelos serviços e benefícios a cargo do INSS [caso seja atingido por um risco social] ele deve contribuir. Ou seja, o segurado é contribuinte, paga tributos que custeiam a Seguridade Social.

### O que justifica a Previdência Social?

**Resposta:** A política pública de Seguridade Social, em especial a de Previdência Social, pode ser compreendida como necessária pela constatação histórica de que, em regra, as pessoas não são previdentes, ou seja, não se preparam economicamente para a eventualidade de não terem condições de exercerem atividade laborativa remunerada e, assim, ficarem sem meios de manter o seu sustento digno e o de sua família.

Então, essa delicada situação passa a ser um problema não só do próprio indivíduo e da sua família exclusivamente, passando a ser um problema cuja solução é de responsabilidade de toda a sociedade. Ou seja, cabe ao Estado adotar uma política pública que não permita ou, pelo menos, minimize a existência de pessoas desamparadas, o que justifica a filiação obrigatória.

### Atualmente, quais são os benefícios previdenciários concedidos e mantidos pelo INSS?

**Resposta:** Antes da reforma da previdência, eram 10

Capítulo 1  Previdência Social no Brasil

(dez) os benefícios previdenciários a cargo do INSS, sendo 04 (quatro) aposentadorias, 03 (três) auxílios, 02 (dois) salários e 01 (uma) pensão. Os benefícios eram: 1. aposentadoria por idade; 2. aposentadoria por tempo de contribuição; 3. aposentadoria especial; 4. aposentadoria por invalidez; 5. auxílio-acidente; 6. auxílio-doença; 7. auxílio-reclusão; 8. salário-família; 9. salário-maternidade; e 10. pensão por morte.

> Atenção! O auxílio-reclusão e a pensão por morte eram, e ainda são, benefícios previdenciários devidos aos dependentes do segurado instituidor. Ou seja, o beneficiário do auxílio-reclusão e da pensão por morte é o dependente e não o próprio segurado.

Depois da reforma da previdência, a aposentadoria por idade e a aposentadoria por tempo de contribuição deixaram de ser benefícios diferentes. Isso porque, com a reforma da previdência, passou a ser necessário acumular idade e tempo de contribuição mínimos para fins de aposentadoria.

 **Além dos benefícios previdenciários, existe algum outro benefício a cargo do INSS?**
**Resposta:** Sim. Além dos benefícios previdenciários, o INSS é responsável pela concessão e pela manutenção do benefício assistencial chamado benefício de prestação continuada da Lei Orgânica da Assistência Social (BPC-LOAS).

**Capítulo 2**

# LOAS

**O que é LOAS?**

**Resposta**: O LOAS é um benefício assistencial, ou seja, não depende de contribuições anteriores e é pago mensalmente pelo INSS ao seu beneficiário, ou seja, é um benefício de prestação continuada. O benefício é conhecido como LOAS porque ele está previsto na Lei Orgânica da Assistência Social. O nome correto é BPC-LOAS: benefício de prestação continuada da Lei Orgânica da Assistência Social.

*Atenção! O BPC-LOAS não é uma aposentadoria. Para se aposentar, além de outros requisitos, a pessoa deve ter contribuído, ou seja, deve ter pago contribuições para a seguridade social.*

**O BPC-LOAS depende de contribuição?**

**Resposta**: Não. Diferente das aposentadorias concedidas pelo INSS, o BPC-LOAS é assistencial, o que significa que a sua concessão não depende de contribuições anteriores para o INSS.

Exemplo: Sebastiana, de 65 (sessenta e cinco) anos de idade, mora sozinha num "barraco" e está sem trabalhar há alguns meses. Por causa de sua idade avançada, de sua saúde debilitada e de seu baixo nível de escolaridade, ela não consegue "arrumar trabalho". Sebastiana

4

Capítulo 2  LOAS

nunca contribuiu para a seguridade social. Porém, mesmo assim, ela tem direito ao BPC-LOAS.

 **Quem tem direito ao BPC-LOAS?**

**Resposta:** Tem direito ao BPC-LOAS a pessoa com deficiência ou a idosa, desde que comprovem não possuir meios de prover a própria manutenção ou de tê-la provida por sua família. Não basta ser pessoa com deficiência ou idosa para ter direito ao BPC-LOAS. É preciso, além disso, a vulnerabilidade econômica.

> Atenção! A previsão de que pessoas com deficiência e idosas em situação de vulnerabilidade econômica têm direito ao BPC-LOAS foi uma importante inovação da CF/1988.

 **Qualquer pessoa idosa tem direito ao BPC-LOAS?**

**Resposta:** Não. Primeiro, para ter direito ao BPC-LOAS, a pessoa idosa deve ter 65 anos de idade ou mais, além de não possuir meios de prover a própria manutenção ou de tê-la provida por sua família. Embora de acordo com o Estatuto do Idoso seja pessoa idosa quem tem 60 anos de idade ou mais, para ter direito ao BPC-LOAS a pessoa idosa deve ter 65 anos de idade ou mais.

Exemplo: Joaquim, solteiro, tem 60 (sessenta) anos de idade e passa por extrema dificuldade econômica. Ele pouco contribuiu para a seguridade social durante a sua vida e já está há muitos anos sem contribuir com nada. Nesse caso, ele não tem direito ao BPC-LOAS. Não porque ele pouco contribuiu e há muito não contribui mais, mas porque ele não tem a idade de 65 (sessenta e cinco) anos, a mínima necessária para que a pessoa idosa receba o BPC-LOAS.

**11** **Para que a pessoa com deficiência receba o BPC-LOAS ela precisa ter idade mínima?**

**Resposta:** Não. Diferente da pessoa idosa, a com deficiência não precisa ter idade mínima para ter direito ao BPC-LOAS.

**12** **Quem é considerada pessoa com deficiência para que possa ter direito ao BPC-LOAS?**

**Resposta:** Considera-se pessoa com deficiência aquela que tem impedimento de longo prazo de natureza física, mental, intelectual ou sensorial, o qual, em interação com uma ou mais barreiras, pode obstruir sua participação plena e efetiva na sociedade em igualdade de condições com as demais pessoas.

*Atenção! O conceito de deficiência é um conceito em evolução, previsto na Convenção sobre os Direitos da Pessoa com Deficiência que o Brasil incorporou com status de norma constitucional. O Estatuto da Pessoa com Deficiência adota o mesmo conceito. Merece a nossa atenção o fato de que o conceito de deficiência passou a levar em conta fatores externos à pessoa que possam ser barreiras para o exercício da cidadania.*

Exemplo: Um cadeirante poderá ser considerado pessoa com deficiência pela análise de fatores externos, além de sua limitação física. São exemplos de fatores externos que podem ser barreiras ao livre exercício da cidadania pelo cadeirante: a falta de adaptação dos espaços em sua moradia; a falta de guias rebaixadas, ou seja, com rampas de acesso no bairro ou na cidade onde mora; a inexistência de transporte público adaptado ou a sua escassez; a inexistência de acessibilidade no local

**Capítulo 2** LOAS

onde trabalha etc. Em resumo, no caso do cadeirante, a falta de acessibilidade dos espaços que frequenta configura barreira externa que faz com que ele seja considerado deficiente.

 **O que é impedimento de longo prazo?**
**Resposta**: É o impedimento que dura no mínimo 02 (dois) anos.

 **A pessoa com deficiência que pede BPC-LOAS precisa passar por perícia?**
**Resposta**: Sim. A deficiência é analisada pelo serviço social e pela perícia médica do INSS.

**15 Pessoas com deficiência e idosas estrangeiras podem receber BPC-LOAS?**
**Resposta**: Sim, desde que residam no Brasil. Apesar de muitas vezes o INSS indeferir requerimento de BPC-LOAS feito por pessoa com deficiência ou idosa estrangeiras, o STF já decidiu que eles têm direito ao BPC-LOAS quando residirem no Brasil, além de não possuir meios de prover a própria manutenção ou de tê-la provida por sua família. Caso o INSS indefira o BPC-LOAS pelo simples fato de o requerente ser estrangeiro, é possível ajuizar uma ação judicial contra o INSS pedindo a sua concessão.

 **A vulnerabilidade econômica é requisito para a concessão de BPC-LOAS à pessoa com deficiência ou idosa. O que ela significa?**
**Resposta**: A vulnerabilidade econômica é a impossibilidade de prover a própria manutenção ou de tê-la provida por sua família.

 **Quem pode ser considerado incapaz de prover a sua manutenção ou de tê-la provida por sua família?**

**Resposta**: Considera-se incapaz de prover a manutenção da pessoa com deficiência ou idosa a família cuja renda mensal per capita seja inferior a 1/4 (um quarto) do salário mínimo. Ou seja, a renda per capita (por cada membro do grupo familiar) deve ser menor que R$261,25[1].

> *Atenção! Se e quando a renda per capita (por cada membro do grupo familiar) for menor que R$261,25, o BPC-LOAS deve ser concedido para a pessoa com deficiência ou idosa, porque estará preenchido o requisito objetivo da vulnerabilidade econômica. Se e quando a renda per capita (por cada membro do grupo familiar) for um pouco maior que 1/4 (um quarto) do salário mínimo, chegando até 1/2 (meio) salário mínimo, é possível receber o BPC-LOAS, desde que se comprove gastos elevados com o bem-estar da pessoa com deficiência ou idosa que superem as economias da família. Nesse último caso, se o INSS indeferir o BPC-LOAS mesmo diante da comprovação dos elevados gastos, é possível ajuizar uma ação judicial contra o INSS.*

 **Quem pode ser considerado membro da família da pessoa com deficiência ou idosa?**

**Resposta**: De acordo com a LOAS, a família é composta por quem pede o BPC-LOAS, o cônjuge ou companheiro, os pais e, na ausência de um deles, a madrasta ou o padrasto, os irmãos solteiros, os filhos e

---

[1] *Valor vigente até a data de fechamento deste livro em 01/09/2020.*

## Capítulo 2 LOAS

enteados solteiros e os menores tutelados, desde que vivam sob o mesmo teto. De acordo com a LOAS, para ser considerado como família é preciso viver sob o mesmo teto que a pessoa com deficiência ou idosa. Então, é possível concluir que somente a renda dos familiares que vivem sob o mesmo teto que aquele que pede o BPC-LOAS pode ser considerada para o cálculo da renda per capita.

*Atenção! Recentemente, a LOAS foi alterada para estabelecer que benefícios previdenciários ou o BPC-LOAS no valor de até 01 (um) salário mínimo recebidos por pessoa com deficiência ou acima de 65 (sessenta e cinco) anos de idade não será computado quando do cálculo da renda familiar per capita para a concessão de BPC-LOAS a outra pessoa com deficiência ou idosa da mesma família.*

Exemplo 01: Mariana e seu único filho, Mário, vivem juntos, sob o mesmo teto. Por causa de uma deficiência mental, Mariana é beneficiária de BPC-LOAS para pessoa com deficiência. Ocorre que Mário, também foi diagnosticado com uma deficiência mental e, por conta dela, não consegue mais trabalhar. Ele ainda não havia completado todos os requisitos necessários para a concessão de algum benefício previdenciário. Nesse caso, é possível requerer BPC-LOAS para pessoa com deficiência em prol de Mário, porque o benefício recebido por Mariana (pessoa com deficiência) não poderá ser computado para o cálculo da renda per capita familiar.

*Atenção! O valor do BPC-LOAS é de 01 (um) salário mínimo mensal, sem 13º (décimo terceiro) salário.*

9

Exemplo: 02: Vera, viúva, mora com seu único filho, Marcos. Ela recebe pensão por morte no valor aproximado de 02 (dois) salários mínimos. Seu filho, Marcos, é criança com deficiência. Nesse caso, a pensão por morte recebida por Vera será computada no cálculo da renda per capita familiar, caso requeira BPC-LOAS para pessoa com deficiência em prol de Marcos. Pelo menos, o valor que exceder 01 (um) salário mínimo deverá ser computado, porque o valor que não será considerado, de acordo com a recente alteração da LOAS, é o valor de até 01 (um) salário mínimo.

Exemplo: 03: Ricardo e Beatriz são casados há mais de 50 (cinquenta) anos. Ele tem 76 (setenta e seis) anos de idade e ela tem 70 (setenta) anos de idade. O único filho do casal, Bernardo, já adulto, é pessoa com deficiência. Beatriz sempre foi dona de casa e Ricardo recebe aposentadoria que atualmente é de 01 (um) salário mínimo. Nesse caso, é possível requerer BPC-LOAS para pessoa com deficiência em prol de Bernardo, porque o benefício recebido por Ricardo (aposentadoria) não poderá ser computado para o cálculo da renda per capita familiar, porque o seu valor é de 01 (um) salário mínimo e, além disso, Ricardo tem mais de 65 (sessenta e cinco) anos de idade.

**19 Qual é o valor do BPC-LOAS?**

**Resposta**: O valor do BPC-LOAS é de 01 (um) salário mínimo mensal. Atualmente, R$1.045,00[2].

**20 A reforma da previdência alterou o valor do BPC-LOAS?**

**Resposta**: Não. Embora na proposta original da reforma

---

[2] *Valor vigente até a data de fechamento deste livro em 01/09/2020.*

**Capítulo 2** LOAS

houvesse essa intenção, o valor do BPC-LOAS continua vinculado a 01 (um) salário mínimo após a aprovação da reforma em novembro de 2019.

 **O BPC-LOAS dá direito a 13º salário?**
**Resposta**: Não. O beneficiário do BPC-LOAS recebe mensalmente valor igual ao de 01 (um) salário mínimo, sem 13º salário.

 **A mesma pessoa pode receber BPC-LOAS e benefício previdenciário ao mesmo tempo?**
**Resposta**: Não. A mesma pessoa não pode receber ao mesmo tempo BPC-LOAS e aposentadoria ou pensão por morte do INSS, ou seja, a mesma pessoa não pode cumular BPC-LOAS com benefício previdenciário. O recebimento de benefício previdenciário pela pessoa afasta a vulnerabilidade econômica.

 **O BPC-LOAS é vitalício?**
**Resposta**: Não. Caso superada a deficiência ou ainda a vulnerabilidade econômica, o BPC-LOAS não é mais um direito da pessoa e deverá ser cessado.

 **O BPC-LOAS pode virar pensão por morte?**
**Resposta**: Não. Quando morre o beneficiário do BPC--LOAS os seus eventuais dependentes não receberão pensão por morte. Essa hipótese não está prevista.

 **É preciso estar no Cadastro Único para receber BPC-LOAS?**
**Resposta**: sim, o cadastramento dos beneficiários e de suas famílias no Cadastro Único é requisito obrigatório para a concessão do BPC-LOAS.

**O que é Cadastro Único?**

**Resposta:** O Cadastro Único para Programas Sociais do Governo Federal (Cadastro Único) é destinado à identificação de famílias de baixa renda. Para essa identificação são cadastradas informações como as características da residência, a identificação de cada pessoa, a escolaridade, a situação de trabalho e renda etc. A responsabilidade pelo Cadastro Único é compartilhada pelos governos federal, estaduais e municipais.

> *Atenção!* Em muitos Municípios, o Cadastro Único é feito no CRAS (Centro de Referência de Assistência Social).

## BPC-LOAS

| MITOS | VERDADES |
|---|---|
| O BPC-LOAS é uma aposentadoria | O BPC-LOAS não depende de contribuição para o INSS. |
| O BPC-LOAS dá direito a 13º salário | O BPC-LOAS tem valor igual ao de 01 (um) salário mínimo mensal, sem 13º salário. |
| O BPC-LOAS pode virar pensão por morte. | O BPC-LOAS não pode ser cumulado com benefícios previdenciários (aposentadorias e pensões). |
| O BPC-LOAS é vitalício. | É preciso estar cadastrado no Cadastro Único para receber o BPC-LOAS. |

Capítulo 3

# Aposentadoria por Idade

**27** **É possível se aposentar por idade no INSS?**
**Resposta**: Antes da reforma da previdência, havia 02 (dois) tipos diferentes de aposentadoria para os segurados, a aposentadoria por idade e a aposentadoria por tempo de contribuição. Assim, antes da reforma da previdência, em novembro de 2019, o segurado podia se aposentar por idade cumpridos 02 (dois) requisitos, a idade mínima e a carência. A idade mínima para as mulheres era de 60 anos e para os homens era de 65 anos, além de 15 anos contribuídos, ou seja, 180 contribuições mensais para cumprir a carência.

**28** **O que é carência?**
**Resposta**: A carência é o número mínimo de contribuições mensais que se pode exigir do segurado para que ele tenha direito a algum benefício do INSS.

**29** **Depois da reforma da previdência é possível se aposentar somente pela idade?**
**Resposta**: Não. Pelas regras da reforma da previdência não existe mais a possibilidade de alguém se aposentar somente pela idade ou apenas pelo tempo de contribuição (ou tempo de serviço). Agora, são exigidos os 02 (dois) requisitos cumulativamente, tempo de contribuição e idade mínimos. Para as mulheres são necessários 15 anos de tempo de contribuição e 62 anos de idade. Para os homens são necessários 20 anos de tempo de contribuição e 65 anos de

idade. O valor da aposentadoria será de 60% da média dos salários de contribuição do segurado, a partir de julho de 1994 ou desde a primeira contribuição caso posterior a essa data, acrescido de 2% a cada ano de contribuição além do mínimo necessário para a aposentadoria.

> *Atenção! Para que o valor da aposentadoria seja de 100%, as mulheres devem contribuir por 35 anos e os homens por 40 anos.*

Exemplo: Depois da reforma da previdência, Maria ingressou no mercado de trabalho e completou 20 anos de tempo de contribuição e 62 anos de idade. O valor da sua aposentadoria será de 70%, resultado da soma de 60% da média dos salários de contribuição do segurado, a partir de julho de 1994 ou desde a primeira contribuição caso posterior a essa data, mais 2% para cada ano contribuído além dos 15 minimamente exigidos.

### 30 Quem já poderia ter se aposentado por idade, mas não pediu essa aposentadoria antes da reforma da previdência perdeu esse direito depois que ela entrou em vigor?

**Resposta**: Não. A reforma da previdência respeita o direito adquirido, o que significa que o segurado que já tinha preenchido os requisitos para a aposentadoria por idade antes da reforma, mas não tenha pedido a sua aposentadoria, poderá pedir depois da entrada em vigor da reforma.

| APOSENTADORIA POR IDADE |
|---|
| **VERDADE** |
| Quem podia se aposentar por idade antes da reforma, mas não se aposentou, tem direito adquirido, ou seja, pode pedir depois da reforma. |

Capítulo 4

# Aposentadoria por Tempo de Contribuição

 **É possível se aposentar por tempo de contribuição no INSS?**
**Resposta**: Antes da reforma da previdência, havia 02 (dois) tipos diferentes de aposentadoria para os segurados, a aposentadoria por idade e a aposentadoria por tempo de contribuição (ou por tempo de serviço). Assim, antes da reforma da previdência, em novembro de 2019, o segurado podia se aposentar por tempo de contribuição, cumpridos 30 anos de contribuição se mulher ou 35 anos se homem, independentemente da idade do segurado.

 **Depois da reforma da previdência é possível se aposentar apenas pelo tempo de contribuição?**
**Resposta**: Não. Pelas regras da reforma da previdência não existe mais a possibilidade de alguém se aposentar somente pela idade ou apenas pelo tempo de contribuição. Agora, são exigidos os 02 (dois) requisitos cumulativamente, tempo de contribuição e idade mínimos. Para as mulheres são necessários 15 anos de tempo de contribuição e 62 anos de idade. Para os homens são necessários 20 anos de tempo de contribuição e 65 anos

de idade. O valor da aposentadoria será de 60% da média dos salários acrescido de 2% a cada ano de contribuição além do mínimo necessário para a aposentadoria.

> Atenção! Para que o valor da aposentadoria seja de 100%, as mulheres devem contribuir por 35 anos e os homens por 40 anos.

Exemplo: Depois da reforma da previdência, José ingressou no mercado de trabalho e completou 30 anos de tempo de contribuição e 65 anos de idade. O valor da sua aposentadoria será de 80%, resultado da soma de 60% mais 2% para cada ano contribuído além dos 20 minimamente exigidos.

**33** **Quem já poderia ter se aposentado por tempo de contribuição, mas não pediu essa aposentadoria antes da reforma da previdência perdeu esse direito depois que ela entrou em vigor?**
**Resposta**: Não. A reforma da previdência respeita o direito adquirido, o que significa que o segurado que já tinha preenchido os requisitos para a aposentadoria por tempo de contribuição antes da reforma, mas não tenha pedido a sua aposentadoria, poderá pedir depois da entrada em vigor da reforma.

### APOSENTADORIA POR TEMPO DE CONTRIBUIÇÃO
#### VERDADE

Quem podia se aposentar por tempo de contribuição antes da reforma, mas não se aposentou, tem direito adquirido, ou seja, pode pedir depois da reforma.

## Capítulo 5

# Regras de Transição

**34** Como fica a situação daqueles que já trabalhavam e contribuíam, mas não tinham direito de se aposentar antes da reforma da previdência entrar em vigor?

**Resposta**: Agora, com a reforma da previdência, são exigidos 02 (dois) requisitos cumulativos, tempo de contribuição e idade mínimos. Para as mulheres são necessários 15 anos de tempo de contribuição e 62 anos de idade. Para os homens são necessários 20 anos de tempo de contribuição e 65 anos de idade. Porém, foram criadas regras de transição. Ao todo, são 05 (cinco) regras de transição diferentes: transição por idade; transição pela regra dos pontos; transição pela regra da idade mínima; transição pela regra do pedágio de 50%; transição pela regra do pedágio de 100%.

**35** A reforma da previdência criou alguma regra de transição para aqueles que já trabalhavam e contribuíam, mas não tinham direito de se aposentar antes da reforma da previdência entrar em vigor?

**Resposta**: Sim. Foram criadas 05 (cinco) regras de transição diferentes: transição por idade; transição pela regra de pontos; transição pela regra da idade mínima; transição pela regra do pedágio de 50%; transição pela regra do pedágio de 100%.

**O que é a regra de transição por idade?**

**Resposta**: É a regra de transição que exige do filiado ao RGPS (Regime Geral de Previdência Social) antes da reforma para se aposentar que cumule, após a sua vigência, 15 anos de tempo de contribuição e idade mínima, sendo 65 anos para os homens e 60 para as mulheres. A idade mínima para as mulheres sofrerá acréscimos de 6 meses, a partir de janeiro de 2020, até atingir 62 anos.

| IDADE DA MULHER | |
|---|---|
| 2019 | 60 anos |
| Jan./2020 | 60 anos e 6 meses |
| Jan./2021 | 61 anos |
| Jan./2022 | 61 anos e 6 meses |
| Jan./2023 | 62 anos |

Atenção! Além da idade mínima, essa regra exige tempo de contribuição de 15 anos, não carência. A principal diferença é a de que, em regra, não se pode recolher contribuições atrasadas para fins de carência.

 **Qual é o valor da aposentadoria pela regra de transição por idade?**

**Resposta**: 100% da média dos salários de contribuição, a partir de julho de 1994, multiplicado por 60%, acrescido de 2% para cada ano contribuído que exceder 15 (mulheres) ou 20 anos (homens). Ou seja, a renda mensal será inicalmente de 60%, podendo ser acrescida de 2% a depender do tempo de contribuição do segurado.

**Capítulo 5** Regras de Transição

Vejamos abaixo um quadro-resumo da regra de transição da aposentadoria por idade:

| REGRA DE TRANSIÇÃO APOSENTADORIA POR IDADE | | | | | | |
|---|---|---|---|---|---|---|
| | Idade mín. | TC mín. até a reforma | TC | Pedágio | Pontos | Valor |
| Idade | 60 / 65 | _____ | 15 | _____ | _____ | 60% + 2% |

Observação: TC = tempo de contribuição

### 38 O que é a regra de transição dos pontos?

**Resposta**: Ela é muito parecida com a fórmula 85/95. Essa regra permite a aposentadoria para o segurado que, na data de publicação da reforma, somando o seu tempo de contribuição mínimo de 30 anos se mulher ou 35 anos se homem às respectivas idades, atinja 86 ou 96 pontos respectivamente. Ou seja, pela regra de transição dos pontos, pode se aposentar o segurado que na data de publicação da emenda atingir 86 pontos se mulher ou 96 pontos se homem, resultado da soma da idade e do tempo de contribuição, observado o tempo mínimo contributivo de 30 anos se mulher ou 35 anos se homem.

Atenção! Não basta atingir os pontos, porque é necessário que o tempo mínimo de contribuição seja preenchido: 30 anos de contribuição para as mulheres e 35 para os homens.

### 39 A pontuação exigida para a regra dos pontos será sempre a mesma?

**Resposta**: Não. A partir de 1º de janeiro de 2020, a pontuação 86/96 será acrescida a cada ano de 01 ponto, até atingir o limite de 100 pontos se mulher e de 105 pontos se homem.

| | MULHER | HOMEM |
|---|---|---|
| Jan./2020 | 87 | 97 |
| Jan./2021 | 88 | 98 |
| Jan./2022 | 89 | 99 |
| Jan./2023 | 90 | 100 |
| Jan./2024 | 91 | 101 |
| Jan./2025 | 92 | 102 |
| Jan./2026 | 93 | 103 |
| Jan./2027 | 94 | 104 |
| Jan./2028 | 95 | 105 |
| Jan./2029 | 96 | 105 |
| Jan./2030 | 97 | 105 |
| Jan./2031 | 98 | 105 |
| Jan./2032 | 99 | 105 |
| Jan./2033 | 1001 | 05 |

**40** **O que é a regra de transição da idade mínima?**

**Resposta**: É a regra de transição que exige do filiado ao RGPS antes da reforma para se aposentar que cumule,

**Capítulo 5** Regras de Transição

após a sua vigência, 30 anos de contribuição se mulher ou 35 se homem, com as idades mínimas de 56 anos se mulher ou 61 anos se homem.

*Atenção! A idade mínima sofrerá acréscimos de 6 meses, a partir de janeiro de 2020, até atingir 62 anos para as mulheres e 65 para os homens.*

| IDADE MÍNIMA | | |
|---|---|---|
| 2019 | 56 anos | 61 anos |
| Jan./2020 | 56 anos e 6 meses | 61 anos e 6 meses |
| Jan./2021 | 57 anos | 62 anos |
| Jan./2022 | 57 anos e 6 meses | 62 anos e 6 meses |
| Jan./2023 | 58 anos | 63 anos |
| Jan./2024 | 58 anos e 6 meses | 63 anos e 6 meses |
| Jan./2025 | 59 anos | 64 anos |
| Jan./2026 | 59 anos e 6 meses | 64 anos e 6 meses |
| Jan./2027 | 60 anos | 65 anos |
| Jan./2028 | 60 anos e 6 meses | 65 anos |
| Jan./2029 | 61 anos | 65 anos |
| Jan./2030 | 61 anos e 6 meses | 65 anos |
| Jan./2031 | 62 anos | 65 anos |

**Afinal, quando vou me aposentar?**  Danilo de Oliveira

 **Qual é o valor da aposentadoria pela regra de transição da idade mínima?**

**Resposta**: 100% da média dos salários de contribuição, a partir de julho de 1994, multiplicado por 60%, acrescido de 2% para cada ano contribuído que exceder 15 (mulheres) ou 20 anos (homens). Ou seja, a renda mensal será incialmente de 60%, podendo ser acrescida de 2% a depender do tempo de contribuição do segurado.

 **O que é a regra de transição do pedágio de 50%?**

**Resposta**: É a regra de transição para o filiado ao RGPS antes da reforma que exige dele que na data de sua entrada em vigor conte com mais de 28 anos de contribuição se mulher ou com mais de 33 anos de contribuição se homem, sem a exigência de idade mínima para ambos. Nessas hipóteses, poderá se aposentar o segurado que atingir o tempo mínimo de contribuição de 30 anos se mulher ou de 35 anos se homem, além de um pedágio de 50% do tempo que faltava para se aposentar quando entrou em vigor a reforma.

*Atenção! Essa regra de transição se aplica apenas ao segurado que estivesse a menos de 2 anos da aposentadoria por tempo de contribuição na data de publicação reforma.*

Exemplo 01: Maria, na data de publicação da reforma, contava com 29 anos de contribuição. Desse modo, precisará contribuir por mais 01 ano e 06 meses para poder se aposentar por essa regra. Desse 01 ano e meio, 01 ano corresponde ao tempo que faltava para completar 30 anos de contribuição na data de publicação da reforma e 06 meses correspondem ao pedágio de 50% desse 01 ano que falta. Em resumo, Maria poderá se aposentar com 30 anos e 06 meses de contribuição.

**Capítulo 5** Regras de Transição

Exemplo 02: José, na data de publicação da reforma, contava com 34 anos de contribuição. Desse modo, precisará contribuir por mais 01 ano e 06 meses, para poder se aposentar por essa regra. Desse 01 ano e meio, 01 ano corresponde ao tempo que faltava para completar 35 anos de contribuição na data de publicação da reforma e 06 meses correspondem ao pedágio de 50% desse 01 ano que falta. Em resumo, José poderá se aposentar com 35 anos e 06 meses de contribuição.

**43 Qual é o valor da aposentadoria pela regra de transição do pedágio de 50%?**

**Resposta**: 100% da média dos salários de contribuição, a partir de julho de 1994, com a incidência do fator previdenciário.

*Atenção! Essa é a única regra de transição em que se aplica o fator previdenciário.*

**44 O que é o fator previdenciário (FP)?**

**Resposta**: O FP é uma fórmula prevista em Lei que tem o objetivo de reduzir o valor das aposentadorias do RGPS. O FP incidia obrigatoriamente nas aposentadorias por tempo de contribuição e facultativamente nas por idade. Compunham o FP elementos como a idade, a expectativa de vida e o tempo contribuído. A sua lógica era basicamente a de que quanto menor fosse a idade do segurado, maior seria sua expectativa de vida e consequentemente maior seria a redução do valor do benefício por conta do FP.

**45 O que é a regra de transição do pedágio de 100%?**

**Resposta**: É a regra de transição para o filiado ao RGPS antes da reforma que exige dele que cumule idade mínima, tempo de contribuição mínimo e pedágio. A idade mínima é de 57 anos para as mulheres e 60 anos para os homens. O tempo de contribuição mínimo é de 30 anos para as mulheres e 35 anos para os homens, além de um pedágio de 100% do tempo de contribuição que faltava para atingir o tempo mínimo na data de publicação da reforma.

Exemplo: José, na data de publicação da reforma, tinha contribuído por 32 anos. Terá de contribuir mais 03 anos para completar os 35, além de mais 03 anos por conta do pedágio de 100%. Assim, aposentará com 38 anos de contribuição, desde que possua 60 anos de idade.

### 46) Qual é o valor da aposentadoria pela regra de transição do pedágio de 100%?

**Resposta**: É a integralidade (100%) da média de todas as contribuições desde julho de 1994 ou desde a data da primeira contribuição, caso posterior a julho de 1994.

Vejamos abaixo um quadro-resumo das regras de transição da aposentadoria por tempo de contribuição:

### REGRA DE TRANSIÇÃO APOSENTADORIA POR TEMPO DE CONTRIBUIÇÃO

| | Idade mín. | TC mín. até a reforma | TC | Pedágio | Pontos | Valor |
|---|---|---|---|---|---|---|
| Pontos | ----- | ----- | 30 / 35 | ----- | 86 / 96 | 60% + 2% |
| Idade mínima | 56 / 61 | ----- | 30 / 35 | ----- | ----- | 60% + 2% |
| Pedágio 50% | ----- | 28 / 33 | 30 / 35 | 50% | ----- | 100% + FP |
| Pedágio 100% | 57 / 60 | ----- | 30 / 35 | 100% | ----- | 100% |

Observação: TC = tempo de contribuição

## Capítulo 6

# Desaposentação e Reaposentação

**47 O que é desaposentação?**
**Resposta**: A desaposentação ou desaposentadoria seria a possiblidade de um aposentado que continuou a trabalhar ou que voltou a trabalhar, somar o tempo de contribuição e as contribuições depois da aposentadoria com os anteriores. Caso o valor fosse maior que o da primeira aposentadoria, o aposentado renunciaria a ela para pedir a nova aposentadoria, agora contando todo o tempo de contribuição e todas as contribuições. Além disso, defendia-se que quem desaposentasse não precisaria devolver o valor da aposentadoria recebido antes da desaposentação. Porém, o STF julgou desfavoravelmente à desaposentação, não a permitindo.

**48 É possível desaposentar?**
**Resposta**: Não. O STF julgou desfavoravelmente à desaposentação, não a permitindo. A desaposentação ou desaposentadoria seria a possiblidade de um aposentado que continuou a trabalhar ou que voltou a trabalhar somar o tempo de contribuição e as contribuições depois da aposentadoria com os anteriores e, caso o valor fosse maior que o da primeira aposentadoria, o aposentado renunciaria a ela e pediria a nova aposentadoria.

**49** **Desaposentação e reaposentação são a mesma coisa?**
**Resposta:** Não. São teses diferentes.

**50** **O que é reaposentação?**
**Resposta:** A reaposentação ou reaposentadoria seria a possibilidade de o aposentado que se aposentou cedo, mas que continuou a trabalhar ou que voltou a trabalhar, renunciar à primeira aposentadoria e pedir uma nova, caso o seu valor seja maior. Geralmente, a segunda e nova aposentadoria seria por idade, porque, além da idade mínima, exigiria apenas 15 anos de contribuição ou 180 contribuições mensais como carência. Porém, o STF julgou desfavoravelmente à reaposentação, não a permitindo.

*Atenção! Diferente da desaposentação, na reaposentação, o aposentado renunciaria à aposentadoria anterior, mas não contaria mais com o tempo de contribuição nem com as contribuições anteriores à primeira aposentadoria. Para a nova aposentadoria seriam considerados apenas o tempo de contribuição e as contribuições depois da primeira aposentadoria.*

**51** **É possível reaposentar?**
**Resposta:** Não. O STF julgou desfavoravelmente à reaposentação, não a permitindo. A reaposentação ou reaposentadoria seria a possiblidade de um aposentado que continuou a trabalhar ou que voltou a trabalhar pedir uma nova aposentadoria caso o seu valor fosse maior que o da primeira, renunciando à anterior. Para a nova aposentadoria seriam considerados apenas o tempo de contribuição e as contribuições depois da primeira aposentadoria.

**Capítulo 6** Desaposentação e Reaposentação

## 52 O que é carência?

**Resposta**: A carência é o número mínimo de contribuições mensais que se pode exigir do segurado para que ele tenha direito a algum benefício do INSS.

### DESAPOSENTAÇÃO

| MITOS | VERDADES |
|---|---|
| Ainda é possível desaposentar. | Ela seria a posssiblidade de um aposentado que continuou a trabalhar ou que voltou a trabalhar somar o tempo de contribuição e as contribuições depois da aposentadoria com os anteriores. |
| O STF julgou favoravelmente à desaposentação. | Caso o valor fosse maior que o da primeira aposentadoria, o aposentado renunciaria a ela para pedir a nova aposentadoria, agora contando todo o tempo de contribuição e todas as contribuições. |
|  | Não é possível desaposentar, porque o STF julgou desfavoravelmente à desaposentação e não a permite. |

### REAPOSENTAÇÃO

| MITOS | VERDADES |
|---|---|
| Ainda é possível desaposentar. | Ainda é possível reaposentar. Ela seria a possibilidade de um aposentado que continuou a trabalhar ou que voltou a trabalhar pedir uma nova aposentadoria caso o seu valor fosse maior que o da primeira, renunciando à anterior. |
| O STF julgou favoravelmente à reaposentação. | Para a nova aposentadoria seriam considerados apenas o tempo de contribuição e as contribuições depois da primeira aposentadoria. |
| A tese da reaposentação é a mesma da desaposentação. | O STF julgou desfavoravelmente à reaposentação e não a permite. |

**Capítulo 7**

# Aposentadoria das Pessoas com Deficiência

**53** **As pessoas com deficiência têm regras de aposentadoria diferentes?**
**Resposta:** Sim. Mesmo antes da reforma da previdência, a CF/1988 já previa a possibilidade de as aposentadorias das pessoas com deficiência, beneficiárias do RGPS, terem requisitos e critérios diferenciados, exatamente por conta da deficiência. A Lei Complementar nº 142, de 08 de maio de 2013, regulamentou esses requisitos e critérios diferenciados.

**54** **A reforma da previdência mudou as regras para a aposentadoria das pessoas com deficiência?**
**Resposta:** Não. Basicamente, reforma da previdência previu que, "até que lei discipline", a aposentadoria das pessoas com deficiência será concedida na forma da Lei Complementar nº 142, de 08 de maio de 2013, inclusive quanto aos critérios de cálculo dos benefícios.

*Atenção! Mesmo depois da reforma da previdência foram mantidos requisitos e critérios diferenciados para a*

## Capítulo 7 Aposentadoria das Pessoas com Deficiência

concessão das aposentadorias das pessoas com deficiência. Eles estão previstos, basicamente, na Lei complementar nº 142, de 08 de maio de 2013.

### 55 Quais são as regras para a aposentadoria das pessoas com deficiência?

**Resposta**: De acordo com a Lei Complementar nº 142, de 08 de maio de 2013, as pessoas com deficiência podem se aposentar por idade (a) ou por tempo de contribuição (b), porém com requisitos e critérios diferenciados.

a) Para que a pessoa com deficiência se aposente por idade, os requisitos são idade mínima e carência de 15 (quinze) anos de tempo de contribuição – ou 180 (cento e oitenta) contribuições mensais –, além da comprovação da existência de deficiência durante esse período.

*Atenção! Para que a pessoa com deficiência se aposente por idade é irrelevante o grau de deficiência. Ou seja, não importa se leve, moderada ou grave. O grau de deficiência não muda nada na aposentadoria por idade da pessoa com deficiência.*

Para o homem com deficiência são necessários 60 (sessenta) anos de idade, e para a mulher com deficiência são necessários 55 (cinquenta e cinco) anos de idade.

*Atenção! São 05 (cinco) anos a menos em relação à aposentadoria por idade das pessoas sem deficiência, antes da reforma da previdência.*

b) Para que a pessoa com deficiência se aposente por tempo de contribuição, a Lei Complementar nº 142, de

08 de maio de 2013, previu a redução do tempo de contribuição mínimo a depender do grau de deficiência: quanto maior o grau de deficiência, maior a redução do tempo de contribuição necessário para se aposentar e, consequentemente, menor o tempo de contribuição efetivamente trabalhado pela pessoa com deficiência. Estão previstas reduções de 10 (dez) anos, 06 (seis) anos e 02 (dois) anos, respectivamente para as deficiências grave, moderada e leve.

| GÊNERO | TC | TC Deficiência GRAVE | TC Deficiência GRAVE | TC Deficiência GRAVE |
|---|---|---|---|---|
| MASCULINO | 35 anos | 25 anos | 29 anos | 33 anos |
| FEMININO | 30 anos | 20 anos | 24 anos | 28 anos |
| REDUÇÃO- | | -10 anos | 06 anos | -02 anos |

Observação: TC = tempo de contribuição

### 56 Qual é o valor da aposentadoria por idade da pessoa com deficiência?

**Resposta**: O valor corresponderá à média aritmética dos 80% (oitenta por cento) maiores salários-de-contribuição a partir de julho de 1994 (ou da primeira contribuição se posterior a essa data) multiplicada por 70% (setenta por cento) com mais 1% (um por cento) a cada grupo de 12 (doze) contribuições mensais.

*Atenção! Os acréscimos de 1% (um por cento) a cada grupo de 12 (doze) contribuições mensais não podem ultrapassar o total de 30% (trinta por cento), porque a renda mensal inicial (RMI) não pode ser maior que 100% (cem por cento).*

## Capítulo 7 — Aposentadoria das Pessoas com Deficiência

Exemplo 01: Ana Célia, pessoa com deficiência, aposentou-se por idade. À época, tinha 55 (cinquenta e cinco) anos de idade e havia contribuído por 20 (vinte) anos. Nesse caso, a RMI da sua aposentadoria será de 90% (noventa por cento). Ou seja, 70% (setenta por cento) com mais 1% (um por cento) a cada grupo de 12 (doze) contribuições mensais. Como ao todo foram 20 (vinte) grupos de 12 (doze) contribuições mensais, foram acrescidos 20% (vinte por cento) aos 70% (setenta por cento), totalizando-se 90% (noventa por cento).

*Atenção! Para o valor da aposentadoria por idade da pessoa com deficiência não importa o grau da deficiência.*

Exemplo 02: Ana Júlia, pessoa com deficiência, aposentou-se por idade. À época, tinha 55 (cinquenta e cinco) anos de idade e havia contribuído por 35 (trinta e cinco) anos, porque trabalhou sem parar desde os 20 (vinte) anos de idade. Nesse caso, a RMI da sua aposentadoria será de 100% (cem por cento). Ou seja, 70% (setenta por cento) com mais 1% (um por cento) a cada grupo de 12 (doze) contribuições mensais até o máximo de 30% (trinta por cento).

*Atenção! A RMI da aposentadoria por idade da pessoa com deficiência não pode ser superior a 100% (cem por cento) do salário-de-benefício.*

### 57 Qual é o valor da aposentadoria por tempo de contribuição da pessoa com deficiência?

**Resposta**: O valor corresponderá à média aritmética dos 80% (oitenta por cento) maiores salários-de-contribuição a partir de julho de 1994 (ou da primeira contribuição se posterior a essa data) multiplicada por 100% (cem por cento).

**58 Aplica-se o fator previdenciário (FP) nas aposentadorias das pessoas com deficiência?**
**Resposta**: Depende. Ele se aplica se e quando resultar em renda mensal de valor mais elevado. Ou seja, caso vantajoso para a jubilação da pessoa com deficiência ele será aplicado.

**59 O que é o fator previdenciário (FP)?**
**Resposta**: O FP é uma fórmula prevista em Lei que tem o objetivo de reduzir o valor das aposentadorias do RGPS. O FP incidia obrigatoriamente nas aposentadorias por tempo de contribuição e facultativamente nas por idade. Compunham o FP elementos como a idade, a expectativa de vida e o tempo contribuído. A sua lógica era basicamente a de que quanto menor fosse a idade do segurado, maior seria a sua expectativa de vida e consequentemente maior seria a redução do valor do benefício por conta do FP.

> *Atenção! Na aposentadoria da pessoa com deficiência será aplicado o FP apenas se e quando for vantajoso. Ou seja, aplica-se o FP na aposentadoria da pessoa com deficiência somente se ele aumentar o valor do benefício.*

**60 A avaliação da deficiência, assim como a do seu grau, depende de perícia médica a cargo do INSS?**
**Resposta**: Sim. Na verdade, elas dependem de perícia médica e funcional a cargo do INSS.

## Capítulo 7  Aposentadoria das Pessoas com Deficiência

**61** Como fica a avaliação da deficiência, assim como a do seu grau, se e quando anteriores à Lei Complementar nº 142, de 08 de maio de 2013?

**Resposta:** Ela deverá ser certificada, sendo obrigatória a fixação da data provável do início da deficiência.

> *Atenção!* É obrigatório que o laudo médico-funcional aponte a data de início da deficiência, ainda que essa data não possa ser cravada com certeza. Ou seja, a Lei se contenta com a data provável. Porém, ao menos a data provável deve ser informada no laudo.

Exemplo: Teresa requereu aposentadoria por idade para pessoa com deficiência. Além da idade mínima de 55 (cinquenta e cinco) anos comprovada documentalmente, ela precisa comprovar, ainda, pelo menos 15 (quinze) anos trabalhados na condição de pessoa com deficiência. Ocorre que ela não encontra em nenhum lugar documentos que comprovem a sua deficiência desde a infância, de modo que ela não conseguiu demonstrar ao INSS, nem está conseguindo demonstrar para a Justiça, que começou a trabalhar já como pessoa com deficiência. Ao passar por consulta com a sua atual médica particular, antes da perícia médica com o perito de confiança da Justiça, a médica lhe disse que, pela sua cicatriz, a sua deficiência é de longa data, porque há mais de 20 (vinte) anos não se usa mais a técnica que deixa aquela "marca" na pessoa. Então, na ausência de documento que comprove o momento exato a partir do qual Teresa é pessoa com deficiência, porém sendo provável que ela o seja há mais de 20 (vinte) anos, o benefício deve ser deferido. Daí, a importância de se investigar e informar, pelo menos, a data provável de início da deficiência.

**Afinal, quando vou me aposentar?** — Danilo de Oliveira

## APOSENTADORIA DA PESSOA COM DEFICIÊNCIA

| MITOS | VERDADES |
|---|---|
| A reforma da previdência alterou as regras para a aposentadoria da pessoa com deficiência. | A pessoa com deficiência pode se aposentar por idade mínima ou por tempo de contribuição mínimo. |
| A aposentadoria por idade da pessoa com deficiência depende do grau da deficiência. | A aposentadoria por idade da pessoa com deficiência tem redução de 05 (cinco) anos da idade mínima exigida para a pessoa sem deficiência se aposentar antes da reforma da previdência: 60 anos para os homens e 55 anos para as mulheres. |
| A data de início da deficiência deve ser exata. | O tempo mínimo de contribuição para esse tipo de aposentadoria da pessoa com deficiência depende do grau da deficiência: grave, moderada ou leve. |
|  | Aplica-se o FP na aposentadoria da pessoa com deficiência se e quando ele aumentar o valor do benefício. |

**Capítulo 8**

# Benefícios por Incapacidade: Aposentadoria por Incapacidade Permanente e Auxílio por Incapacidade Temporária

**62** **O que são benefícios por incapacidade?**

**Resposta**: Benefícios por incapacidade é o nome que se dá aos benefícios previdenciários que substituem a renda do segurado quando ele é acometido por alguma doença que, basicamente, o incapacita para o trabalho ou para as suas atividades habituais e, desse modo, fica impedido de exercer uma atividade remunerada e, consequentemente, de obter meios de sustento digno. Os benefícios por incapacidade são a aposentadoria por incapacidade permanente (antiga aposentadoria por invalidez) e a aposentadoria por incapacidade temporária (antigo auxílio-doença).

**63** **O que é a aposentadoria por incapacidade permanente?**

**Resposta**: A aposentadoria por incapacidade permanente (antiga aposentadoria por invalidez) é o benefício previdenciário que ampara o segurado incapacitado para o exercício de qualquer atividade laborativa remunerada que lhe garanta a subsistência digna. Algumas observações são necessárias.

a) Para fins de aposentadoria por incapacidade permanente, a incapacidade deve ser definitiva. Isso significa que, quando o segurado é submetido a exame médico-pericial a cargo da Previdência Social (INSS) – necessário para a concessão administrativa desse benefício – a incapacidade constatada não pode ser provisória, deve ser permanente. Se e quando for constatada a incapacidade provisória, o benefício será o auxílio por incapacidade temporária (antigo auxílio-doença).

b) Para fins de aposentadoria por incapacidade permanente, como regra, a incapacidade para o exercício de qualquer atividade laborativa remunerada que garanta a subsistência digna do segurado deve ser, além de permanente, total. Porém, existe a possibilidade de, na Justiça, o segurado que tiver o benefício indeferido administrativamente por ser a sua incapacidade parcial, obter a concessão do benefício, porque a Justiça entende que uma vez reconhecida a incapacidade parcial para o trabalho, o juiz deve analisar as condições pessoais e sociais do segurado para a concessão de aposentadoria por incapacidade permanente. Exemplificam as condições pessoais o nível de escolaridade do segurado, o eventual analfabetismo, a experiência profissional, a idade etc. Exemplificam as condições sociais o local onde mora o segurado, se conta com fornecimento de energia elétrica, abastecimento de água e tratamento de esgoto, se conta com unidades básicas de saúde, se conta com serviços de assistência social etc.

Exemplo: José Mário, com 55 (cinquenta e cinco) anos de idade, tem nível de escolaridade fundamental incompleto e sempre exerceu, quando trabalhou, o cargo de au-

## Capítulo 8 — Benefícios por Incapacidade

xiliar de serviços gerais. Ao passar por perícia médica no INSS, foi constatada incapacidade permanente para o trabalho, porém parcial e não total. Por esse motivo, o INSS indeferiu a concessão da aposentadoria por incapacidade permanente que José Mário havia requerido administrativamente. Então, José Mário ajuizou uma ação contra o INSS. Na perícia judicial, o resultado foi o mesmo: incapacidade parcial. Nesse caso, levando em consideração as condições pessoais e sociais de José Mário (idade avançada para um trabalhador braçal, baixo nível de escolaridade, pouca experiência profissional e nenhuma em atividade intelectual), o juiz poderá conceder a aposentadoria por incapacidade permanente ao José Mário.

> Atenção! O juiz não está obrigado a analisar as condições pessoais e sociais quando não reconhecer a incapacidade do segurado para a sua atividade habitual.

c) Para a concessão da aposentadoria por incapacidade permanente, a Lei exige ainda a impossibilidade de reabilitação para o exercício de atividade laborativa remunerada que garanta a subsistência do segurado.

Atenção! Parece-nos que as condições pessoais e sociais do segurado têm muita importância para a reabilitação profissional. Em se tratando de segurado de idade mais avançada, de baixo nível de escolaridade e de experiência profissional limitada apenas às atividades "braçais", nos parece inviável reabilitação para atividade de natureza intelectual, por exemplo.

d) No caso de o segurado exercer atividades concomitantes, ou seja, mais de uma atividade laborativa remunerada, para que se aposente por incapacidade permanente o segurado deverá ser considerado incapaz não apenas para ambas, mas para toda e qualquer atividade laborativa remunerada.

**64** **A concessão administrativa de aposentadoria por incapacidade permanente depende de perícia médica a cargo do INSS?**

**Resposta**: Sim. Essa perícia é indispensável para a constatação de incapacidade permanente de o segurado exercer a mesma ou qualquer outra atividade laborativa remunerada que lhe assegure subsistência digna.

*Atenção! Ao se submeter à perícia médica a cargo do INSS, o segurado pode estar acompanhado de um médico de sua confiança. Porém, deverá o próprio segurado custear esse gasto.*

**65** **Se a aposentadoria por incapacidade permanente for consequência de uma doença mental, há alguma exigência a mais?**

**Resposta**: No caso de aposentadoria por incapacidade permanente decorrente de doença mental é exigida a apresentação de termo de curatela, ainda que provisória.

*Atenção! A curatela pode ser compreendida, basicamente, como o instituto jurídico por meio do qual um incapaz tem os seus interesses geridos por um representante nomeado pelo juiz: o curador.*

**66** **Para que o segurado tenha direito à aposentadoria por incapacidade permanente é requisito que anteriormente ele tenha recebido auxílio por incapacidade temporária? Ou seja, somente é concedida a aposentadoria por incapacidade**

## Capítulo 8  Benefícios por Incapacidade

**permanente se e quando previamente o segurado esteve afastado, recebendo auxílio por incapacidade temporária?**

**Resposta:** Não. Para que o segurado seja aposentado por incapacidade permanente não é preciso que antes disso ele tenha recebido ou estivesse em gozo de auxílio por incapacidade temporária.

### 67 Se a doença ou lesão for anterior ao ingresso do segurado no RGPS, ele tem direito à aposentadoria por incapacidade permanente?

**Resposta:** Não. Quando a incapacidade for consequência de uma doença ou lesão preexistente, ou seja, que já acometia a pessoa antes de ela começar a exercer atividade laborativa remunerada e ingressar no RGPS como segurado obrigatório, a aposentadoria por incapacidade permanente não será devida, porque nesse caso a lógica da proteção previdente (risco futuro e incerto) será quebrada. Ou seja, o risco social (incapacidade permanente) já terá acometido a pessoa antes mesmo de ela começar a trabalhar. Nesse caso, a Lei não permite que o amparo previdenciário seja fornecido.

*Atenção! Mesmo a doença ou lesão sendo preexistente ao ingresso da pessoa no RGPS, a aposentadoria por incapacidade permanente será devida se a incapacidade permanente for posterior ao ingresso no RGPS. Nesse caso, a pessoa ingressa no RGPS doente ou lesionada (não há nenhum problema nisso), porém a incapacidade permanente é fruto da progressão ou do agravamento de seu quadro clínico. Ou seja, se a incapacidade permanente for fruto da progressão ou do agravamento da doença ou lesão após o ingresso do segurado no RGPS, o benefício previdenciário será devido.*

### 68. O portador do vírus HIV pode se aposentar por incapacidade permanente?

**Resposta**: A Justiça entende que é possível, sim. Se e quando for comprovado que o segurado é portador do vírus HIV, o juiz verificará as condições pessoais, sociais, econômicas e culturais, com a finalidade de configurar a incapacidade. Isso porque, na prática, o portador dessa doença é alvo de muito preconceito na sociedade.

### 69. A concessão de aposentadoria por incapacidade permanente precisa de carência?

**Resposta**: Depende. Como regra, a concessão de aposentadoria por incapacidade permanente tem como requisito 12 (doze) contribuições mensais como carência. Essa carência (necessidade de 12 contribuições mensais) é dispensada se e quando for caso de acidentes de qualquer natureza ou causa, doença profissional ou doença do trabalho e doenças previstas em Portaria Interministerial.

### 70. O que são acidentes de qualquer natureza ou causa, doença profissional e doença do trabalho?

**Resposta**: Acidentes de qualquer natureza ou causa vão além dos acidentes de trabalho. No caso da aposentadoria por incapacidade permanente, basicamente são os de origem traumática e por exposição a agentes físicos, químicos e biológicos que impliquem lesão corporal ou perturbação funcional que causem a perda ou a redução permanente da capacidade laborativa.

Doença profissional, por sua vez, é toda aquela decorrente do exercício regular de uma determinada atividade, como a lesão por esforços repetitivos (LER) do digitador. Já a doença do trabalho é toda aquela decorrente

## Capítulo 8 Benefícios por Incapacidade

de condições especiais em que são desenvolvidas certas atividades, como a perda auditiva (disacusia neurossensorial) do trabalhador da construção civil.

*Atenção! A doença profissional e a doença do trabalho são também conhecidas como doenças ocupacionais.*

**71 A reforma da previdência alterou o valor da aposentadoria por incapacidade permanente?**
**Resposta:** Sim. O cálculo do valor da aposentadoria por incapacidade permanente não é mais o mesmo depois da reforma da previdência. Agora, são duas as possibilidades, ou seja, há 02 (dois) cálculos diferentes. Como regra, será de 60% (sessenta por cento) de todo o período contributivo (a partir de julho de 1994 ou da primeira contribuição se posterior a essa data), acrescido de 2% (dois por cento) para cada ano que ultrapassar 20 (vinte) anos de contribuição para os homens e 15 (quinze) anos de contribuição para as mulheres. Porém, se e quando a aposentadoria por incapacidade permanente decorrer de acidente de trabalho, de doença profissional e de doença do trabalho, o valor será de 100% (cem por cento) da média de todo o período contributivo.

*Atenção! De acordo com a reforma da previdência, não é todo acidente incapacitante para o trabalho que muda o cálculo do benefício para 100% (cem por cento) da média de todo o período contributivo. É apenas o acidente de trabalho.*

Infelizmente, essa mudança no cálculo do benefício por incapacidade permanente representa um prejuízo, ou seja, uma diminuição de parte da renda do segurado que se tornar incapaz de forma permanente para o trabalho, exceto nos casos de acidente de trabalho ou de doenças ocupacionais.

**72** **Caso o aposentado por incapacidade permanente necessitar da assistência permanente de outra pessoa, isso alterará o valor do benefício?**

**Resposta**: Essa hipótese é chamada por muitos de "grande invalidez". Nesse caso, o valor do benefício será acrescido de 25% (vinte e cinco por cento), podendo inclusive ultrapassar o teto dos benefícios previdenciários, hoje no valor de R$ 6.101,06 (seis mil, cento e um reais e seis centavos).

Exemplo: Lorena foi aposentada por incapacidade permanente pelo teto do INSS, oportunidade em que o médico perito do INSS constatou a necessidade de que ela seja permanentemente assistida por outra pessoa em suas tarefas básicas diárias, como cuidar de sua própria higiene, se alimentar etc. Nesse caso, o valor do benefício que seria de R$6.101,06 (seis mil, cento e um reais e seis centavos) será acrescido de 25% (vinte e cinco por cento), ou seja, de R$1.525,27 (um mil, quinhentos e vinte e cinco reais e vinte e sete centavos), totalizando o montante de R$7.626,33 (sete mil, seiscentos e vinte e seis reais e trinta e três centavos).

> Atenção! Para fazer juz a esse adicional, não importa se o "cuidador" é uma pessoa da família ou não, ou seja, não importa se a pessoa é contratada (e remunerada) ou não para cuidar permanentemente do segurado incapacitado.

**73** **O que é "grande invalidez"?**

**Resposta**: É a hipótese em que o aposentado por incapacidade permanente necessita da assistência permanente

## Capítulo 8  Benefícios por Incapacidade

de outra pessoa, acima explicada. Basicamente, o valor do seu benefício será acrescido de 25% (vinte e cinco por cento) como forma de custear o "cuidador", seja ele remunerado ou não para cuidar permanentemente do segurado incapacitado.

> Atenção! Reajustado o benefício, o acréscimo de 25% (vinte e cinco por cento) também será. Anualmente, os benefícios previdenciários são reajustados. No caso de aposentadoria por incapacidade permanente em que for constatada a "grande invalidez", o acréscimo de 25% (vinte e cinco por cento) também será reajustado.

**74** Caso o segurado que seja aposentado por incapacidade permanente e receba o acréscimo de 25% (vinte e cinco por cento) faleça, deixando dependentes, como fica o valor da pensão por morte? No valor da pensão por morte serão inclusos os 25% (vinte e cinco por cento)?

Resposta: Não. Caso o segurado que seja aposentado por incapacidade permanente e receba o acréscimo de 25% (vinte e cinco por cento) faleça, deixando dependentes, no valor da pensão por morte não serão incorporados os 25% (vinte e cinco por cento) da "grande invalidez".

**75** O pagamento de aposentadoria por incapacidade permanente é definitivo, ou seja, é para sempre?

Resposta: Não. Uma vez cessada a incapacidade, ou seja, se e quando o segurado recuperar a capacidade para o exercício de atividade remunerada que lhe garanta a subsistência digna, a aposentadoria por incapacidade permanente será cessada. Essa recuperação, ao menos em tese, pode ser possível se considerarmos os avanços das pesquisas e das descobertas pelas ciências médicas.

**76** **O aposentado por incapacidade permanente é obrigado a se submeter à perícia médica a cargo do INSS caso seja convocado?**

**Resposta**: Sim, sob pena de suspensão do benefício. A periodicidade da perícia, em regra, é a cada 02 (dois) anos. Ou seja, é bienal. Porém, a convocação pode se dar a qualquer momento. O segurado aposentado por incapacidade permanente é obrigado, ainda, ao processo de reabilitação e aos tratamentos prescritos e custeados pelo INSS, com exceção das cirurgias e transfusões de sangue que são facultativas (opcionais), independentemente da idade do segurado.

Atenção! *O aposentado por incapacidade permanente que não tenha retornado à atividade está dispensado da perícia médica a partir dos 55 (cinquenta e cinco) anos de idade ou depois de passados 15 (quinze) anos da concessão da aposentadoria por incapacidade permanente ou do auxílio-doença que eventualmente o tenha antecedido; ou, ainda, depois de completar 60 (sessenta) anos de idade.*

**77** **O que acontece se o aposentado por incapacidade permanente retornar por conta própria ao trabalho, ou seja, voluntariamente?**

**Resposta**: Nesse caso, a sua aposentadoria será automaticamente cancelada, a partir da data do retorno.

Atenção! *O segurado que queira retornar à atividade deve, primeiro, solicitar a realização de perícia médica junto ao INSS.*

## Capítulo 8 Benefícios por Incapacidade

**78** A aposentadoria por incapacidade permanente não é definitiva. Independentemente do tempo de recebimento do benefício pelo segurado incapacitado, recuperada a capacidade para o exercício de atividade laborativa, o benefício é cessado. Porém, a forma de cessação é sempre a mesma?

**Resposta:** Não. O procedimento será diferente dependendo do tempo de gozo do benefício. O procedimento será um se e quando a recuperação do segurado for total e ocorrer dentro de 05 (cinco) anos contados da data do início da aposentadoria por incapacidade permanente ou do auxílio por incapacidade temporária que a tenha antecedido sem interrupção (a); o procedimento será outro se e quando a recuperação for parcial ou ocorrer após 05 (cinco) anos contados da data do início da aposentadoria por incapacidade permanente ou do auxílio por incapacidade temporária que a tenha antecedido sem interrupção, ou, ainda, se e quando o segurado for declarado apto para o exercício de trabalho diverso do qual habitualmente exerca (b).

(a) Nesse caso, a cessação levará o mesmo tempo de duração do auxílio por incapacidade temporária ou da aposentadoria por incapacidade permanente, menos para o segurado empregado. Para ele, a cessação será imediata.

Exemplo 01: Agostinho era motorista de táxi, segurado obrigatório do RGPS, mais precisamente contribuinte individual (trabalhador sem carteira assinada). Constatada pela perícia médica do INSS sua incapacidade total e permanente para o trabalho, ele foi aposentado por incapacidade permanente. Depois de 03 (três) anos de aposentadoria, foi constatada a recuperação da sua capacidade para o trabalho. Nesse caso, Agostinho receberá a aposentadoria por 36 (trinta e seis) meses antes de sua cessação.

Exemplo 02: Marcelo é empregado de uma empresa. Ele trabalhava no almoxarifado quando foi constatada a sua incapacidade total e permanente para o trabalho pela perícia médica do INSS. Então, ele foi aposentado por incapacidade permanente e o seu contrato de trabalho ficou suspenso. Menos de 05 (cinco) anos depois, foi constatada a recuperação da sua capacidade para o trabalho. Como Marcelo é segurado empregado, a cessação do benefício será imediata.

Exemplo 03: Josué, segurado empregado, aposentado por incapacidade permanente há 04 (quatro) anos, após reabilitação profissional recuperou totalmente a sua capacidade para o exercício de atividade laborativa remunerada e recebeu alta do INSS. Josué tinha assegurado o direito de retornar ao trabalho na empresa em que trabalhava antes da aposentadoria por incapacidade permanente e da suspensão do seu contrato de trabalho. Nesse caso, como Josué é segurado empregado, o benefício cessará imediatamente.

(b) Nesses casos, antes de definitivamente cessada, a aposentadoria por incapacidade permanente sofrerá reduções: nos primeiros 06 (seis) meses, a contar da verificação da recuperação da capacidade, o valor integral será mantido; do 7º (sétimo) ao 12º (décimo segundo) mês posteriores, o valor será reduzido em 50% (cinquenta por cento); do 13º(décimo terceiro) ao 18º (décimo oitavo), será reduzido em 75% (setenta e cinco por cento); depois disso, o benefício será cessado definitivamente.

Exemplo: Rogério foi aposentado por incapacidade permanente há cerca de 08 (oito) anos. Porém, recentemente convocado para passar por perícia médica junto ao INSS, foi constatada recuperação da sua capacidade para o trabalho. Nesse caso, durante os primeiros 06 (seis) meses a contar dessa constatação ele receberá o valor integral do

## Capítulo 8 Benefícios por Incapacidade

benefício; nos 06 (seis) meses seguintes ele receberá o benefício com valor reduzido em 50% (cinquenta por cento); depois, durante os 06 (seis) meses seguintes, Marcelo receberá o benefício com valor reduzido em 75% (setenta e cinco por cento); por fim, o benefício cessará definitivamente.

### SITUAÇÃO DE ROGÉRIO

| MITOS | VERDADES |
|---|---|
| Primeiros 06 meses a contar da verificação da capacidade | 100% do valor do benefício |
| Do 7º ao 12º mês a contar da verificação da capacidade | 50% do valor do benefício |
| Do 13º ao 18º mês a contar da verificação da capacidade | 75% do valor do benefício |
| Daí em diante | Cessação do benefício |

### APOSENTADORIA POR INCAPACIDADE PERMANENTE

| MITOS | VERDADES |
|---|---|
| A aposentadoria por incapacidade permanente é definitiva. | A aposentadoria por incapacidade permanente é a antiga aposentadoria por invalidez. |
| Todo acidente incapacitante para o trabalho altera o cálculo da aposentadoria por incapacidade permanente. | A reforma da previdência alterou o valor da aposentadoria por incapacidade permanente. |

### 79 O que é o auxílio por incapacidade temporária?

**Resposta**: O auxílio por incapacidade temporária, antigo auxílio-doença, é o benefício previdenciário concedido ao segurado que for considerado por perícia médica do INSS incapacitado para o seu trabalho ou para a sua atividade habitual por mais de 15 (quinze) dias consecutivos.

**80** **Que tipo de incapacidade dá direito ao auxílio por incapacidade temporária para o segurado?**

**Resposta**: A incapacidade total e provisória para o seu trabalho ou para a sua atividade habitual por mais de 15 (quinze) dias consecutivos.

*Atenção! Se e quando a incapacidade for total e permanente para o exercício de qualquer atividade laborativa remunerada, o benefício previdenciário devido pelo INSS será a aposentadoria por incapacidade permanente (antiga aposentadoria por invalidez).*

**81** **Se a doença ou lesão incapacitante for anterior ao ingresso do segurado no RGPS, ele tem direito ao auxílio por incapacidade temporária?**

**Resposta**: Não. Quando a incapacidade for consequência de uma doença ou lesão preexistente, ou seja, que já acometia a pessoa antes de ela começar a exercer atividade laborativa remunerada e ingressar no RGPS como segurado obrigatório, o auxílio por incapacidade temporária não será devido, porque nesse caso a lógica da proteção previdente (risco futuro e incerto) será quebrada. Ou seja, o risco social (incapacidade) já terá acometido a pessoa antes mesmo de ela começar a trabalhar. Nesse caso, a Lei não permite que o amparo previdenciário seja fornecido.

*Atenção! Mesmo a doença ou lesão sendo preexistente ao ingresso da pessoa no RGPS, o auxílio por incapacidade temporária será devido se a incapacidade for posterior ao ingresso no RGPS. Nesse caso, a pessoa ingressa no RGPS doente ou lesionada (não há nenhum problema nisso), porém a incapacidade é fruto da progressão ou do agravamento de*

## Capítulo 8 Benefícios por Incapacidade

seu quadro clínico. Ou seja, se a incapacidade for fruto da progressão ou do agravamento da doença ou lesão após o ingresso do segurado no RGPS, o benefício auxílio por incapacidade temporária será devido.

**82 Quem remunera os 15 (quinze) primeiros dias de afastamento do segurado empregado?**
**Resposta**: A empresa. Ou seja, o empregador. A partir do 16º (décimo sexto) dia, a proteção previdenciária fica por conta do INSS.

**83 No caso dos demais segurados, ou seja, em não sendo o segurado empregado, a partir de quando é devido o auxílio por incapacidade temporária?**
**Resposta**: A contar da data do início da incapacidade, a ser constatada por perícia médica por conta do INSS.

*Atenção! Se e quando o auxílio por incapacidade temporária for requerido por segurado afastado há mais de 30 (trinta) dias de suas atividades, o benefício será devido a partir da data da DER (data de entrada do requerimento), desde que constatada a incapacidade.*

**84 A concessão de aposentadoria por incapacidade temporária precisa de carência?**
**Resposta**: Depende. Como regra, a concessão de auxílio por incapacidade temporária tem como requisito 12 (doze) contribuições mensais como carência. Essa carência (necessidade de 12 contribuições mensais) é dispensada se e quando for caso de acidentes de qualquer natureza ou causa, doença profissional ou doença do trabalho e doenças previstas em Portaria Interministerial.

## 85. O que são acidentes de qualquer natureza ou causa, doença profissional e doença do trabalho?

**Resposta:** Acidentes de qualquer natureza ou causa vão além dos acidentes de trabalho. No caso do auxílio por incapacidade temporária, basicamente são os de origem traumática e por exposição a agentes físicos, químicos e biológicos que impliquem lesão corporal ou perturbação funcional que causem a redução temporária da capacidade laborativa. Doença profissional, por sua vez, é toda aquela decorrente do exercício regular de uma determinada atividade, como a lesão por esforços repetitivos (LER) do digitador. A doença do trabalho, por fim, é toda aquela decorrente de condições especiais em que são desenvolvidas certas atividades, como a perda auditiva (disacusia neurossensorial) do trabalhador da construção civil.

*Atenção! A doença profissional e a moléstia do trabalho são também conhecidas como doenças ocupacionais.*

## 86. Existe mais de 01 (um) tipo de auxílio por incapacidade temporária?

**Resposta:** Sim. O auxílio por incapacidade temporária pode ser de 02 (dois) tipos diferentes: auxílio por incapacidade temporária acidentário ou auxílio por incapacidade temporária previdenciário (ou ordinário).

a) O auxílio por incapacidade temporária acidentário, como o nome sugere, decorre de acidentes de trabalho ou de seus equiparados (doença profissional e do trabalho). Ele dispensa carência. Durante o período de afastamento, o empregador deverá continuar a efetuar os depósitos fundiários (recolhimento do FGTS) para o empregado afastado. Nesse caso, deverá ser emitida a CAT e o empregado tem estabilidade de 12 (doze) meses do seu contrato de trabalho após a cessação do benefício acidentário.

b) O auxílio por incapacidade temporária previdenciário ocorre nos demais casos de incapacidade total e provisória, de origem não-ocupacional. Ele precisa de, no mínimo, 12 (doze) contribuições mensais de carência. Durante o período de afastamento, o empregador não deverá continuar a efetuar os depósitos fundiários (recolhimento do FGTS). Nesse caso, não há o dever de emitir CAT e o empregado não tem assegurada por Lei a estabilidade do contrato de trabalho. Porém, negociação coletiva pode prever a estabilidade para o empregado nos casos de afastamento por auxílio por incapacidade temporária previdenciário.

Exemplo 01: Mauro, motoboy há mais de 01 (um) ano, durante um passeio de moto pela "Avenida da Praia", em Santos-SP, num domingo de folga, sofreu um acidente. Em virtude desse acidente, ficou total e provisoriamente incapacitado para o seu trabalho por mais de 15 (quinze) dias consecutivos. Nesse caso, o benefício ao qual tem direito é o auxílio por incapacidade temporária previdenciário. Não será acidentário, porque o acidente não teve nenhuma relação com o seu trabalho.

Exemplo 02: Maurílio, motoboy há 01 (uma) semana em uma empresa, durante a entrega de uma encomenda sofreu um acidente. Em virtude desse acidente, ficou total e provisoriamente incapacitado para o seu trabalho por mais de 15 (quinze) dias consecutivos. Nesse caso, como o acidente ocorreu durante o serviço, o benefício ao qual Maurílio tem direito é o auxílio por incapacidade temporária acidentário. Assim, durante o afastamento a empresa deverá efetuar os depósitos do FGTS e, ao retornar ao trabalho, Maurílio terá estabilidade de 12 (doze) meses do contrato de trabalho.

**Afinal, quando vou me aposentar?** Danilo de Oliveira

| Auxílio por incapacidade temporária ACIDENTÁRIO | Auxílio por incapacidade temporária PREVIDENCIÁRIO |
|---|---|
| Ocorre nos casos de acidentes de trabalho ou de seus equiparados (doença profissional e do trabalho). | Ocorre nos demais casos de incapacidade total e provisória, de origem não ocupacional. |
| Dispensa carência. | Carência de 12 (doze) contribuições mensais. |
| FGTS devido. | FGTS não devido. |
| Precisa de CAT. | Não precisa de CAT. |
| O empregado tem estabilidade de 12 (doze) meses do seu contrato de trabalho após a cessação do benefício. | O empregado não tem a estabilidade do seu contrato de trabalho prevista em Lei, mas uma negociação coletiva pode prever a estabilidade para o empregado nesse tipo de afastamento. |

### 87. O que é uma negociação coletiva?

**Resposta**: A negociação coletiva é acordo sobre as regras do contrato de trabalho coletivo, celebrado entre o sindicato da categoria profissional e o sindicato patronal ou celebrado entre o sindicato da categoria profissional e o empregador diretamente.

| AUXÍLIO POR INCAPACIDADE TEMPORÁRIA ||
|---|---|
| **MITOS** | **VERDADES** |
| A doença ou lesão preexistentes ao ingresso do segurado no RGPS sempre impedem a concessão do auxílio por incapacidade temporária. | No caso de auxílio por incapacidade temporária acidentário, o segurado empregado tem estabilidade de 12 (doze) meses do seu contrato de trabalho após a cessação do benefício |
| | Ainda no caso de auxílio por incapacidade temporária acidentário, o segurado empregado tem direito aos recolhimentos fundiários (FGTS) a serem efetuados pelo empregador durante o afastamento. |

## Capítulo 9

# Auxílio-Acidente

**88** **O que é auxílio-acidente?**

**Resposta**: O auxílio-acidente é o benefício previdenciário concedido ao segurado que por causa de um acidente de qualquer natureza fique com sequela que reduza a capacidade para o trabalho que habitualmente exercia. Algumas observações são necessárias.

a) O acidente que resulta em sequela pode ser de qualquer natureza. Ou seja, não é apenas o acidente de trabalho que pode dar direito ao auxílio-acidente.

Exemplo: Dejair, motorista de caminhão de uma empresa, num dia de folga sofreu um grave acidente de trânsito. Por conta disso, ficou com sequelas que dificultam manobrar caminhões. Nesse caso, terá direito ao auxílio-acidente.

b) A sequela que dá direito ao auxílio-acidente é aquela que reduz a capacidade para o trabalho habitualmente exercido pelo trabalhador, mas sem que ele seja considerado incapaz. Ou seja, ele continua capaz para o trabalho, porém essa capacidade é menor do que se ele não tivesse a sequela.

> *Atenção! Caso seja considerado incapaz para o trabalho, o segurado sequelado terá direito à aposentadoria por incapacidade permanente ou ao auxílio por incapacidade temporária.*

c) O auxílio-acidente tem caráter indenizatório. Ou seja, ele não substitui a renda do trabalhador. Na verdade, ele é recebido cumulativamente com a remuneração. Lembre-se: o que dá direito ao auxílio-acidente é a sequela que reduz a capacidade para o trabalho. Desse modo, embora reduzida, o segurado mantém a capacidade para a atividade habitualmente exercida e, desse modo, receberá a remuneração pelo seu trabalho e o auxílio-acidente como uma indenização por trabalhar nessas condições.

Atenção! Para que o segurado tenha direito ao auxílio-acidente é preciso que a sequela reduza a capacidade para a atividade que habitualmente exercia. Ou seja, não dará direito ao auxílio-acidente a sequela que não repercuta na capacidade laborativa do segurado.

### 89 Quais são os requisitos para ter direito ao auxílio-acidente?

**Resposta**: Primeiro, o beneficiário precisa ter a qualidade de segurado obrigatório do RGPS. Ou seja, deve exercer atividade laborativa remunerada. No caso do auxílio-acidente, esse exercício deve ser como empregado (inclusive, doméstico), trabalhador avulso (vinculado a órgão gestor de mão de obra) ou segurado especial. Além disso, deve sofrer acidente de qualquer natureza que resulte sequela redutora da sua capacidade laborativa. Por fim, o auxílio-acidente dispensa a carência. Ou seja, não tem como requisito a exigência de um número mínimo de contribuições mensais.

### 90 O auxílio-acidente precisa de carência?

**Resposta**: Não. O auxílio-acidente não tem como requisito a exigência de um número mínimo de contribuições mensais. Porém, é necessária a qualidade de segurado, isto é, o beneficiário deve exercer atividade remunerada como empregado (inclusive, doméstico), trabalhador avulso

## Capítulo 9 Auxílio-Acidente

(vinculado a órgão gestor de mão de obra) ou segurado especial, além de contribuir, à época do acidente.

### 91. Qual é o valor do auxílio-acidente? Ele foi alterado pela reforma da previdência?

**Resposta**: A reforma da previdência alterou a forma de cálculo do valor do auxílio-acidente. A partir dela, o seu valor será de 100% (cem por cento) da média aritmética de todo o período contributivo, a contar de julho de 1994 ou desde a 1ª (primeira) contribuição caso posterior a julho de 1994. Sobre o resultado dessa média aritmética, chamada de salário-de-benefício (SB), é descontado 50% (cinquenta por cento). O resultado desse desconto é o valor da renda mensal inicial (RMI) do auxílio-acidente.

### 92. O valor do auxílio-acidente pode ser menor que o salário mínimo?

**Resposta**: Sim. Isso porque apenas os benefícios previdenciários que substituem a renda do trabalhador têm como piso o valor do salário mínimo. Lembre-se: o auxílio-acidente não substitui a renda do trabalhador, ele tem caráter indenizatório porque o trabalhador exerce a sua atividade com capacidade reduzida. O segurado recebe cumulativamente a auxílio-acidente e a sua remuneração.

> *Atenção! A Justiça entende que o piso do auxílio-acidente é de 50% do salário mínimo. Atualmente, R$522,50 (quinhentos e vinte e dois reais e cinquenta centavos)[3].*

### 93. Qual é a data de início do auxílio-acidente?

**Resposta**: A DIB (data de início do benefício) do auxílio-

---

[3] *Valor atualizado até a data de fechamento deste livro, em 01/09/2020.*

acidente é o dia seguinte ao da cessação (término) do auxílio por incapacidade temporária.

Exemplo: Por causa de uma incapacidade total e provisória decorrente de um acidente de motocicleta, Jonas recebeu auxílio por incapacidade temporária até 1º de abril de 2020. Constatada por perícia médica do INSS a sequela que reduz a capacidade para a atividade habitualmente exercida por Jonas, ele terá direito ao auxílio-acidente a partir de 02 de abril de 2020, dia imediatamente seguinte ao do término do auxílio por incapacidade temporária.

*Atenção! A Justiça entende que é possível a concessão de auxílio-acidente sem que antes dele o segurado tenha gozado auxílio por incapacidade temporária. Ou seja, para a Justiça não é preciso ter recebido este auxílio antes de receber auxílio-acidente.*

## 94) O auxílio-acidente pode ser cumulado com outro benefício previdenciário?

**Resposta**: Depende. Em primeiro lugar, antes de novembro de 1997, era possível acumular o auxílio-acidente com aposentadorias do RGPS. Porém, a partir de novembro de 1997 o acúmulo de auxílio-acidente com aposentadoria do RGPS não é mais possível.

*Atenção! Desde novembro de 1997 não é mais possível acumular auxílio-acidente com aposentadoria do RGPS.*

Porém, é possível acumular auxílio-acidente com outro benefício previdenciário, desde que não seja uma aposentadoria. Assim, por exemplo, é possível acumular auxílio-acidente com auxílio por incapacidade temporária.

Exemplo 01: Caso o segurado em gozo de auxílio-acidente fique incapacitado, total e provisoriamente, para a sua atividade habitual por causa de outro motivo, isto é, por causa de outro acidente diferente do que deu origem ao auxílio-acidente concedido, serão acumulados o auxílio-acidente e o auxílio por incapacidade temporária.

Exemplo 02: Caso o beneficiário de auxílio-acidente tenha reativado o auxílio por incapacidade temporária por causa do mesmo acidente, essa reativação fará com que o auxílio-acidente seja suspenso. Cessado o novo auxílio por incapacidade temporária, é restabelecido o auxílio-acidente. O motivo para isso é o de que não é possível uma dupla proteção para o mesmo risco social. Para cada risco social é prevista uma proteção específica.

### 95) O auxílio-acidente é definitivo?

**Resposta**: Não. Como ele não pode mais ser cumulado com aposentadorias do RGPS (desde novembro de 1997), ao se aposentar o segurado perde o auxílio-acidente.

## AUXÍLIO-ACIDENTE

| MITOS | VERDADES |
|---|---|
| O auxílio-acidente não pode ser cumulado com nenhum outro benefício previdenciário. | O auxílio-acidente é uma indenização. |
| O auxílio-acidente é devido apenas nos casos de acidentes de trabalho. | O valor do auxílio-acidente pode ser menor que o salário mínimo. |
| O auxílio-acidente somente é devido se antes o segurado receber auxílio por incapacidade temporária. | A data de início do recebimento do auxílio-acidente é o dia seguinte ao da cessação do auxílio por incapacidade temporária. |

**Capítulo 10**

# Salário-Maternidade

**96** **O que é salário-maternidade?**
**Resposta:** É o benefício devido à gestante, segurada do RGPS, que se afasta de sua atividade por motivo de nascimento de filho, aborto não-criminoso, adoção ou guarda judicial para fins de adoção.

**97** **Qual é a duração do salário-maternidade?**
**Resposta:** O salário-maternidade tem duração de 120 (cento e vinte) dias, como regra.

A chamada reforma trabalhista previu a concessão de salário-maternidade durante todo o período de afastamento, quando não for possível que a gestante ou a lactante afastada exerça suas atividades em local salubre na empresa, hipótese que será considerada como de gravidez de risco.

Para as seguradas empregadas de empresas aderentes ao chamado Programa Empresa Cidadã, o prazo do salário-maternidade poderá ser de 180 (cento e oitenta) dias.

*Atenção! Se a empresa onde trabalha a segurada aderiu ao Programa Empresa Cidadã, o salário-maternidade poderá ter duração de 180 (cento e oitenta) dias. A prorrogação deve ser requerida pela segurada até o final do 1º (primeiro) mês após o parto. Durante a prorrogação da licença-maternidade a empregada não poderá exercer nenhuma atividade remunerada e a criança deverá ser mantida sob seus cuidados. Os 60 (sessenta) dias adicionais serão concedidos*

**Capítulo 10** Salário-Maternidade

imediatamente após o prazo constitucional de 120 (cento e vinte) dias e são custeados pela empresa empregadora, não constituindo propriamente um benefício previdenciário.

**98 Qual é a duração do salário-maternidade nos casos de adoção ou guarda judicial para fins de adoção?**

**Resposta**: Nesses casos será de 120 (cento e vinte) dias.

Atenção! Nos casos de adoção ou guarda judicial para fins de adoção, o salário-maternidade também poderá ser prorrogado para 180 (cento e oitenta) dias se a segurada for empregada de empresa aderente ao Programa Empresa Cidadã.

**99 Qual é a duração do salário-maternidade nos casos de natimortos?**

**Resposta**: Nos casos de morte do feto dentro do útero ou no momento do parto (natimorto) a duração da licença-maternidade também será de 120 (cento e vinte) dias.

**100 Qual é a duração do salário-maternidade nos casos de aborto não-criminoso?**

**Resposta**: Nos casos de aborto espontâneo ou mesmo nas hipóteses permitidas em Lei, a duração do salário-maternidade será de 14 (quatorze) dias.

**101 A concessão de salário-maternidade precisa de carência?**

**Resposta**: A necessidade ou não de um número mínimo de contribuições para a concessão do salário-maternidade depende do tipo de segurada que o requer.

Para as seguradas empregadas, empregadas domésticas e trabalhadoras avulsas, não é exigida carência.

Para as seguradas facultativas e contribuintes individuais é exigida a carência de 10 (dez) contribuições mensais, reduzindo-se proporcionalmente em caso de parto antecipado.

Para a segurada especial exige-se a comprovação da atividade rural nos 12 (doze) meses anteriores ao parto, ainda que de forma descontínua.

### CARÊNCIA NO SALÁRIO-MATERNIDADE

| | |
|---|---|
| Seguradas empregadas, empregadas domésticas e trabalhadoras avulsas. | Não há. |
| Seguradas facultativas e contribuintes individuais. | 10 (dez) contribuições mensais. |
| Segurada especial. | Comprovação da atividade rural nos 12 (doze) meses anteriores ao parto, ainda que de forma descontínua. |

**102 Qual é o valor do salário-maternidade?**

**Resposta**: Depende. O valor do salário-maternidade variará dependendo do tipo de segurada.

Nos casos de seguradas empregada e trabalhadora avulsa, será o valor da última remuneração recebida. Caso essa remuneração seja variável, o valor do salário-maternidade será calculado pela média aritmética dos últimos 06 (seis) meses.

*Atenção! O salário-maternidade das seguradas empregada e da trabalhadora avulsa não está sujeito ao teto do RGPS. Atualmente, o teto do RGPS é de R$6.101,06 (seis mil, cento e um reais e seis centavos).*

Para a segurada empregada doméstica, o valor será o do último salário de contribuição. Porém, limitado ao teto do RGPS. Para as seguradas contribuintes individuais, facultativas e para aquelas que estejam em período de graça, será a

## Capítulo 10 Salário-Maternidade

média aritmética dos 12 (doze) últimos salários de contribuição, apurados em período não superior a 15 (quinze) meses.

*Atenção! Nesses casos, o valor do salário-maternidade está sujeito ao teto do RGPS.*

Período de graça são as hipóteses previstas na Lei em que a pessoa mantém a qualidade de segurado mesmo sem contribuir. Para a segurada especial que não esteja contribuindo facultativamente, o valor será de 01 (um) salário mínimo.

Vejamos abaixo quadro elaborado pelo INSS contendo informações sobre onde e quando pedir o salário--maternidade:

*Atenção! O salário-maternidade da microempreendedora individual deve ser requerido diretamente no INSS.*

**Afinal, quando vou me aposentar?** — Danilo de Oliveira

| SALÁRIO-MATERNIDADE | | | | |
|---|---|---|---|---|
| EVENTO GERADOR | SEGURADA | ONDE PEDIR | QUANDO PEDIR | COMPROVAÇÃO |
| PARTO | Empregada (de empresa) | Na empresa | A partir de 28 dias antes do parto | • Atestado médico (caso se afaste 28 dias antes do parto) <br> • Certidão de nascimento ou de natimorto <br> • Atestado médico (caso se afaste 28 dias antes do parto) <br> • Certidão de nascimento ou de natimorto |
| PARTO | Desempregada | No INSS | A partir do parto | Certidão de Nascimento |
| PARTO | Demais seguradas | No INSS | A partir de 28 dias antes do parto | • Atestado médico (caso se afaste 28 dias antes do parto) <br> • Certidão de nascimento ou de natimorto |
| ADOÇÃO | Todas as adotantes | No INSS | A partir da adoção ou guarda para fins de adoção | Termo de guarda ou certidão nova |
| ABORTO NÃO-CRIMINOSO | Empregada (de empresa) | Na empresa | A partir da ocorrência do aborto | Atestado médico comprovando a situação |
| ABORTO NÃO-CRIMINOSO | Demais seguradas | No INSS | A partir da ocorrência do aborto | Atestado médico comprovando a situação |

Fonte: https://www.inss.gov.br/beneficios/salario-maternidade/
Acesso: maio de 2020.

## Capítulo 11

# Pensão por Morte

**103 O que é pensão por morte?**

**Resposta:** É o benefício pago aos dependentes do segurado que falece, porque, com a morte do provedor da família, os seus dependentes precisam de uma fonte de sustento digno. Assim, a pensão por morte é devida ao conjunto dos dependentes do segurado que falecer, aposentado ou não.

> *Atenção!* O conjunto de dependentes do segurado provedor da família para fins previdenciários é o previsto em Lei, mais precisamente pela Lei n° 8.213/1991.

**104 É verdade que a reforma da previdência mudou o valor da pensão por morte?**

**Resposta:** Sim. O valor da pensão por morte voltou a ser calculado em forma de cotas. Inicialmente, o seu valor será de 50% (cinquenta por cento) do valor da aposentadoria recebida pelo segurado ou daquela a que teria direito se fosse aposentado por incapacidade permanente na data do óbito. Além disso, serão acrescidos mais 10% (dez por cento) para cada dependente, até o limite de 100% (cem por cento).

Exemplo 01: Maria ficou viúva de José, aposentado, depois da reforma da previdência. Nesse caso, o valor da pensão por morte de Maria será de 60% (sessenta por cento) do valor da aposentadoria de José. Ou seja, 50% (cinquenta por cento) do valor da aposentadoria recebida pelo José em vida, acrescidos de mais 10% (dez por cento) por ser sua única dependente.

Exemplo 02: José, aposentado, era casado com Maria, com quem tinha 03 (três) filhos menores de 21 (vinte e um) anos de idade, Athos, Porthos e Aramis. José faleceu. Nesse caso, o valor da pensão por morte será de 90% (noventa por cento) do valor da aposentadoria recebida pelo José em vida. Ou seja, 50% (cinquenta por cento) do valor da aposentadoria recebida pelo José em vida, acrescidos de mais 10% (dez por cento) para cada dependente, no caso, 04 (quatro) dependentes. A viúva e os 03 (três) filhos menores de 21 (vinte e um) anos de idade.

Exemplo 03: Oscar, aposentado, era casado com Emília, com quem tinha 06 (seis) filhos menores de 21 (vinte e um) anos de idade. Oscar faleceu. Nesse caso, o valor da pensão por morte será de 100% (cem por cento) do valor da aposentadoria recebida pelo Oscar em vida. Embora sejam 07 (sete) dependentes ao todo, o valor da pensão por morte fica limitado a 100% (cem por cento).

Exemplo 04: Eduardo era casado com Mônica e recebia a quantia de R$2.090,00 (dois mil e noventa reais) de aposentadoria por mês. Eduardo faleceu e Mônica, sua única dependente, recebe pensão por morte no valor de R$1.254,00 (um mil, duzentos e cinquenta e quatro reais). Esse valor corresponde a 60% (sessenta por cento) do valor da aposentadoria de Eduardo em vida.

### 105) Cessada a cota de algum dependente, por exemplo, em caso de sua morte, essa cota será reversível aos demais dependentes?

**Resposta**: Não. Com a reforma da previdência acabou o

## Capítulo 11 — Pensão por Morte

direito de acrescer. Ou seja, as cotas por dependente cessarão com a perda dessa qualidade e não serão reversíveis aos demais dependentes.

Exemplo: Maria, viúva de José, e Joselito, filho do casal, recebem pensão por morte. O valor da pensão por morte é de 70% (setenta por cento) da aposentadoria que José recebia em vida. Ou seja, 50% (cinquenta por cento) do valor da aposentadoria recebida pelo José em vida, acrescidos de mais 10% (dez por cento) para cada dependente, no caso, 02 (dois) dependentes. Maria e Joselito. Joselito completou 21 (vinte e um) anos de idade e, assim, perdeu a qualidade de dependente de José. Nesse caso, a cota de José não será transferida para Maria.

**106 Na hipótese de existir dependente inválido ou com deficiência intelectual, mental ou grave, qual será o valor da pensão por morte?**

**Resposta**: Depende. Há 02 (duas) formas de se calcular o valor do benefício pensão por morte quando existir dependente inválido ou com deficiência intelectual, mental ou grave.

• Se o valor não ultrapassar o teto do RGPS, atualmente R$6.101,06 (seis mil, cento e um reais e seis centavos), será de 100% (cem por cento) do valor da aposentadoria recebida pelo segurado ou daquela a que teria direito se fosse aposentado por incapacidade permanente na data do óbito;

• Se o valor ultrapassar o teto do RGPS, atualmente R$6.101,06 (seis mil, cento e um reais e seis centavos), será de 50% (cinquenta por cento) acrescido de cotas de 10% (dez por cento) por dependente, até o máximo de 100% (cem por cento).

> Atenção! Quando não houver mais dependente inválido ou com deficiência intelectual, mental ou grave, o valor da pensão será recalculado. O recálculo será feito de acordo com a resposta da pergunta nº 104.

### 107 É verdade que além do cônjuge, o(a) companheiro(a) também tem direito à pensão por morte?

**Resposta**: Sim. A Constituição Federal de 1988, ao prever especial proteção do Estado para a família, equipara a união estável ao casamento. Como consequência, esse direito do cônjuge deve ser estendido ao companheiro.

### 108 A prova da união estável pode ser apenas testemunhal?

**Resposta**: Em regra, não. Em 2019, alterou-se a Lei para se incluir a exigência de início de prova material da convivência em união estável, ou seja, em regra, não é mais possível comprovar a união estável por testemunhas. São exemplos de documentos (início de prova material) que comprovam união estável: certidão de nascimento de filho em comum, prova de mesmo domicílio (correspondência no mesmo endereço), declaração de imposto de renda do segurado em que conste o interessado como seu dependente etc.

> Atenção! O início de prova material deve ser contemporâneo aos fatos, assim considerado o produzido em período não superior a 24 (vinte e quatro) meses antes da data do óbito.

### 109 É verdade que há prazo mínimo para que a convivência seja reconhecida como união estável?

**Resposta**: Não. Porém, se a união estável tiver menos de 02 (dois) anos antes da data do óbito, a pensão por morte durará 04 (quatro) meses.

**Capítulo 11** Pensão por Morte

**110** **A pensão por morte devida ao cônjuge ou companheiro(a) é sempre vitalícia?**

**Resposta:** Nem sempre. A duração da pensão por morte para o cônjuge ou companheiro(a) de acordo com a reforma da previdência é aquela prevista na Lei n° 8.213/1991 e pode variar dependendo de seu quadro clínico ou da sua idade quando falece o segurado instituidor.

**111** **Qual é a duração da pensão por morte para o cônjuge ou companheiro inválido ou com deficiência?**

**Resposta:** Enquanto durar a invalidez ou a deficiência.

**112** **Qual é a duração da pensão por morte para o cônjuge ou companheiro levando-se em conta a sua idade na data do falecimento?**

**Resposta:** A duração da pensão por morte variará de acordo com a idade do cônjuge ou companheiro(a) na data do óbito, conforme tabela abaixo.

| Duração da pensão por morte | Idade do cônjuge ou companheiro na data do óbito |
|---|---|
| 03 (três) anos | Menos de 21 (vinte e um) anos |
| 06 (seis) anos | Entre 21 (vinte e um) e 26 (vinte e seis) anos |
| 10 (dez) anos | Entre 27 (vinte e sete) e 29 (vinte e nove) anos |
| 15 (quinze) anos | Entre 30 (trinta) e 40 (quarenta) anos |
| 20 (vinte) anos | Entre 41 (quarenta e um) e 43 (quarenta e três) anos |
| Vitalícia | Com 44 (quarenta e quatro) anos ou mais |

*Atenção! Se o segurado instituidor falecer sem ter contribuído pelo menos com 18 (dezoito) contribuições mensais ou se o casamento ou a união estável tiver acontecido há menos de 02 (dois) anos do seu óbito, cessará em 04 (quatro) meses a pensão por morte do cônjuge ou companheiro.*

Exemplo 01: José, com 55 (cinquenta e cinco) anos de idade, e Maria, com 50 (cinquenta) anos de idade, passaram a conviver em união estável. Ou seja, tornaram-se companheiros. Um ano e meio depois, José faleceu. Nesse caso, a pensão por morte de Maria não será vitalícia, porque embora ela tenha mais de 44 (quarenta e quatro) anos de idade, o óbito de José aconteceu há menos de 02 (dois) anos da união estável. Assim, a pensão por morte de Maria durará 04 (quatro) meses.

Exemplo 02: Eduardo e Mônica casaram-se há 05 (cinco) anos. Desde então, Eduardo trabalhava em uma empresa que era responsável pelo recolhimento de suas contribuições sociais. Recentemente, Eduardo faleceu. Mônica, com 25 (vinte e cinco) anos de idade na data do óbito, terá direito de receber pensão por morte durante 06 (seis) anos.

*Atenção! Por conta da reforma da previdência, o valor da pensão por morte de Mônica, que durará por 06 (seis) anos, terá o valor de 60% (sessenta por cento), porque ela era a única dependente de José.*

## 113 A ex-mulher tem direito ao recebimento de pensão por morte?

**Resposta**: Sim. A Lei prevê que o cônjuge divorciado ou separado judicialmente, ou mesmo aquele que de fato não convive mais com o cônjuge ou companheiro(a) sem formalizar o divórcio ou a separação (separação de fato), tem direito ao recebimento de pensão morte, desde que receba pensão alimentícia. Nesses casos, o recebimento da pensão alimentícia demonstra que a ex-mulher dependia economicamente do ex--marido quando do óbito.

Capítulo 11  Pensão por Morte

### 114 A ex-mulher que não receba pensão alimentícia tem direito ao recebimento de pensão por morte quando do óbito do ex-marido?

**Resposta**: A princípio, não. Entretanto, a Justiça entende que, se e quando a ex-mulher comprovar que dependia economicamente do ex-marido quando ele faleceu, ainda que ela não recebesse pensão alimentícia, será devida a pensão por morte.

Exemplo: Eduardo e Ruth foram casados por mais de uma década. Passados todos esses anos, resolveram se separar judicialmente. Quando se separaram, Ruth abriu mão da pensão alimentícia. Porém, anos depois, Eduardo sabendo que Ruth estava passando por necessidades, resolveu auxiliá-la economicamente. Eduardo, então, fazia compras no supermercado para Ruth e pagava algumas contas, como a de energia elétrica e a de água, por exemplo. Eduardo veio a óbito. Nesse caso, mesmo Ruth tendo renunciado à pensão alimentícia quando se separou de Eduardo, ela terá direito ao recebimento da pensão por morte porque dependia economicamente dele para sobreviver.

### 115 Além do cônjuge ou companheiro, quem pode receber pensão por morte? Ou seja, quem é considerado dependente para o recebimento de pensão por morte?

**Resposta**: Além do cônjuge ou companheiro, são dependentes do segurado instituidor:
- o filho não emancipado, menor de 21 (vinte e um) anos de idade;
- o filho inválido ou que tenha deficiência intelectual ou mental ou deficiência grave, independentemente da idade;
- os pais;

- o irmão não emancipado, menor de 21 (vinte e um) anos de idade;
- o irmão inválido ou que tenha deficiência intelectual ou mental ou deficiência grave, independentemente da idade.

> Atenção! A dependência que a Lei exige é a econômica. No caso do cônjuge ou companheiro e do filho, a dependência econômica é presumida pela Lei, ou seja, ela não precisa ser comprovada pelo dependente para que ele receba a pensão por morte. No caso dos pais e do irmão, a dependência econômica não é presumida pela Lei, ou seja, eles precisam comprovar a dependência econômica quando faleceu o segurado instituidor.

Exemplo 01: Eduardo e Mônica eram companheiros, ou seja, conviviam em união estável. Com a morte de Eduardo, Mônica requererá o recebimento de pensão por morte. Nesse caso, precisará comprovar a união estável. Uma vez provada a união estável, a dependência econômica da convivente é presumida pela Lei.

Exemplo 02: Edson e Cláudia eram casados. Com a morte de Edson, a viúva Cláudia requererá o recebimento de pensão por morte. Nesse caso, como eram casados, a sua dependência econômica é presumida pela Lei, ou seja, não precisará ser por ela provada.

Exemplo 03: Roberto, segurado do RGPS, morava com sua mãe, Regina, quando faleceu. Regina pretende requerer o recebimento de pensão por morte. Nesse caso ela precisará provar que dependia economicamente de seu filho Roberto enquanto vivo, porque a dependência econômica dos pais não é presumida pela Lei.

**116** É verdade que o filho maior de idade, ou seja, maior de 18 (dezoito) anos de idade pode receber

Capítulo 11 Pensão por Morte

**pensão por morte?**
**Resposta**: Sim. A "maioridade previdenciária", quando cessa o direito ao eventual recebimento da pensão por morte, ocorre quando o filho completa 21 (vinte e um) anos de idade e não 18 (dezoito) anos (maioridade civil). Ou seja, a pensão por morte é devida, em regra, ao filho do segurado instituidor até que complete 21 (vinte e um) anos de idade.

> Atenção! De acordo com o entendimento da Justiça, o fato de o filho cursar faculdade, ou seja, fazer curso de nível superior, não prorroga o recebimento da pensão por morte até a conclusão do curso, diferentemente do que ocorre no caso de pensão alimentícia. Em outras palavras, a pensão por morte, devida ao filho até os 21 (vinte e um) anos de idade, não se prorroga pela pendência do curso universitário.

Exemplo: Joselito, filho de José, tinha 16 (dezesseis) anos de idade quando o pai faleceu. Concedida a pensão por morte a Joselito, ela não cessará quando ele completar 18 (dezoito) anos, porque a pensão por morte cessa, em regra, quando o filho menor completa 21 (vinte e um) anos de idade. Mesmo que Joselito ingresse na faculdade e a previsão de conclusão do seu curso ultrapasse quando ele completar 21 (vinte e um) anos de idade, a pensão por morte não será prorrogada até que ele conclua o curso, ou seja, ela cessará quando Joselito completar 21 (vinte e um) anos de idade.

> Atenção! Lembramos que no caso do filho a dependência econômica é presumida pela Lei.

**117** **O enteado e o menor sob tutela têm direito ao recebimento de pensão por morte?**
**Resposta**: Sim. O enteado e o menor sob tutela são

equiparados ao filho para fins de recebimento de pensão por morte. Porém, precisam comprovar dependência econômica.

> Atenção! A equiparação do menor sob a guarda do segurado instituidor não foi prevista pela reforma da previdência. Ao contrário, a reforma prevê a equiparação exclusivamente do enteado ou menor sob tutela, o que indica a intenção de não beneficiar o menor sob a guarda do segurado instituidor. A princípio, ocorrendo o óbito a partir da reforma da previdência, o menor sob a guarda do falecido não terá direito à pensão por morte. Porém, é importante dizermos que o Superior Tribunal de Justiça (STJ) havia firmado o entendimento, em 2018, de que o menor sob a guarda tinha direito ao recebimento de pensão por morte. O caso chegou ao Supremo Tribunal Federal, mas até o fechamento dessa edição, não havia sido julgado.

### 118) A pensão por morte precisa de carência?

**Resposta**: Não. Lembrando que a carência é o número mínimo de contribuições mensais que se pode exigir do segurado para que ele tenha direito a algum benefício, ela não é exigida para o recebimento de pensão por morte. Porém, lembramos que se o óbito do segurado instituidor ocorrer antes de ele ter contribuído por pelo menos 18 (dezoito) meses, ou seja, com no mínimo 18 (dezoito) contribuições mensais, a pensão por morte durará apenas 04 (quatro) meses.

### 119) É verdade que o dependente que praticar crime contra a pessoa do segurado instituidor perde o direito ao recebimento da pensão por morte?

**Resposta**: A Lei prevê que perde o direito à pensão

## Capítulo 11 Pensão por Morte

por morte o condenado criminalmente por sentença com trânsito em julgado (ou seja, por sentença definitiva que não pode mais ser alterada), como autor, coautor ou partícipe de homicídio doloso cometido contra a pessoa do segurado, consumado ou tentado.

*Atenção! A perda do direito à pensão por morte não se aplica aos absolutamente incapazes e aos inimputáveis.*

**120 No caso de simulação ou fraude no casamento ou na união estável, ocorre a perda da pensão por morte?**

**Resposta**: Se comprovada, a qualquer tempo, simulação ou fraude no casamento ou na união estável, ou a formalização desses com o fim exclusivo de recebimento da pensão por morte pelo cônjuge ou companheiro vivo, ele perde o direito à pensão por morte.

*Atenção! Para que isso ocorra, a Lei exige apuração em processo judicial que assegure a defesa do dependente.*

## PENSÃO POR MORTE

| MITOS | VERDADES |
|---|---|
| O recebimento de pensão por morte é sempre vitalício. | A reforma da previdência mudou o valor da pensão por morte. |
| A dependência econômica é sempre presumida pela Lei para todos os dependentes do segurado instituidor. | O companheiro que convivia com o segurado instituidor em união estável tem direito à pensão por morte. |
| A pendência da conclusão de curso universitário prorroga a pensão por morte para o filho que completar 21 (vinte e um) anos de idade. | A pensão por morte do filho menor não cessa aos 18 (dezoito) anos de idade, cessa aos 21 (vinte e um). |
| É preciso tempo mínimo para que a convivência seja reconhecida como união estável. | Não incide contribuição social sobre a pensão por morte, mesmo depois da reforma da previdência. |
|  | O enteado e o menor sob tutela são equiparados ao filho para fins de recebimento de pensão por morte. |

**Capítulo 12**

# Auxílio-Reclusão

**121** **O que é auxílio-reclusão?**

**Resposta**: Não é de hoje que o auxílio-reclusão tem sofrido duras críticas por parte da população brasileira, principalmente pelas redes sociais. São muitas as reclamações à concessão desse benefício por parte da sociedade. As críticas, em geral, são no sentido de que "o INSS sustenta bandido", "o auxílio-reclusão é pago para o criminoso" etc. Porém, isso não é verdade. Ele não é pago para "bandido", mas sim aos dependentes do segurado, como ocorre com a pensão por morte. O auxílio-reclusão é devido apenas aos dependentes do segurado de baixa renda preso em regime fechado, durante o período de reclusão ou detenção.

*Atenção! Para que o dependente do preso receba o auxílio-reclusão, o preso deve ser segurado do RGPS, ou seja, ele deve contribuir para a seguridade social. Do contrário, o dependente não terá direito ao recebimento desse benefício previdenciário. Em outras palavras, para que os dependentes do preso em regime fechado recebam o auxílio-reclusão, ele tem de exercer atividade remunerada abrangida pelo RGPS, ou seja, em resumo, o preso deve ser trabalhador e, consequentemente, contribuir.*

**122** **O que é prisão em regime fechado?**

**Resposta**: Entre as penas previstas no Código Penal, a PPL – pena privativa de liberdade – é a mais rigorosa. O regime fechado de cumprimento da pena impõe a sua execução em estabelecimento prisional de segurança máxima ou média.

> Atenção! O regime fechado pode ser adotado na reclusão (regimes fechado, semi-aberto ou aberto), não na detenção (apenas regimes semi-aberto ou aberto).

**123) Para que o dependente do segurado preso em regime fechado receba o auxílio-reclusão, o segurado preso pode estar recebendo salário ou outro benefício do INSS?**

**Resposta**: Não. Para que o dependente (de baixa renda) do segurado preso em regime fechado receba o auxílio por incapacidade temporária (antigo auxílio-doença), esse último não pode receber remuneração da empresa nem estar em gozo de auxílio por incapacidade temporária, de pensão por morte, de salário-maternidade, de aposentadoria ou de abono de permanência em serviço.

**124) O que é a baixa renda do segurado? Qual é o valor que caracteriza a baixa renda do segurado para que o seu dependente possa receber auxílio-reclusão?**

**Resposta**: Atualmente, considera-se segurado de baixa renda aquele que no mês de recolhimento à prisão tenha renda bruta igual ou inferior a R$ 1.425,56 (um mil, quatrocentos e vinte e cinco reais e cinquenta e seis centavos). A Constituição Federal, de 05 de outubro de 1988, inovou ao exigir a baixa renda, anteriormente não exigida.

> Atenção! O cálculo da renda mensal bruta para enquadramento do segurado como de baixa renda ocorrerá, ainda, pela média dos salários de contribuição apurados nos últimos 12 (doze meses) antes do mês da prisão, corrigidos monetariamente.

## Capítulo 12 Auxílio-Reclusão

Exemplo: Agostinho, taxista, foi recolhido à prisão sob regime fechado em março de 2020. Nesse mês, o seu salário de contribuição foi de 02 (dois) salários mínimos, ou seja, de R$2.090,00 (dois mil e noventa reais). Porém, nos 11 (onze) meses anteriores, a sua renda bruta mensal foi de 01 (um) salário mínimo. Nesse caso, os seus dependentes terão direito ao auxílio-reclusão porque a média do período de 12 (doze) meses anteriores ao da prisão é de R$1.113,93 (um mil, cento e treze reais e noventa e três centavos), abaixo dos atuais R$ 1.425,56 (um mil, quatrocentos e vinte e cinco reais e cinquenta e seis centavos).

| | | Renda bruta | Correção | Valor corrigido | Média | Baixa renda |
|---|---|---|---|---|---|---|
| 1 | Abr/2019 | R$ 998,00 | 1,031267 | R$ 1.029,20 | R$ 1.029,20 | R$ 1.364,43 |
| 2 | Maio/2019 | R$ 998,00 | 1,025116 | R$ 1.023,07 | R$ 1.026,14 | R$ 1.364,43 |
| 3 | Jun/2019 | R$ 998,00 | 1,023581 | R$ 1.021,53 | R$ 1.024,60 | R$ 1.364,43 |
| 4 | Jul./2019 | R$ 998,00 | 1,023479 | R$ 1.021,43 | R$ 1.023,81 | R$ 1.364,43 |
| 5 | Ago/2019 | R$ 998,00 | 1,022455 | R$ 1.020,41 | R$ 1.023,13 | R$ 1.364,43 |
| 6 | Set/2019 | R$ 998,00 | 1,021230 | R$ 1.019,19 | R$ 1.022,47 | R$ 1.364,43 |
| 7 | Out/2019 | R$ 998,00 | 1,021741 | R$ 1.019,70 | R$ 1.022,08 | R$ 1.364,43 |
| 8 | Nov/2019 | R$ 998,00 | 1,021333 | R$ 1.019,29 | R$ 1.021,73 | R$ 1.364,43 |
| 9 | Dez/2019 | R$ 998,00 | 1,015847 | R$ 1.013,82 | R$ 1.020,85 | R$ 1.364,43 |
| 10 | Jan/2020 | R$ 1.039,00 | 1,003603 | R$ 1.042,74 | R$ 1.023,04 | R$ 1.425,56 |
| 11 | Fev/2020 | R$ 1.045,00 | 1,001700 | R$ 1.046,78 | R$ 1.025,20 | R$ 1.425,56 |
| 12 | Mar/2020 | R$ 2.090,00 | ------ | R$ 2.090,00 | R$ 1.113,93 | R$ 1.425,56 |

**125** E se no momento da prisão o segurado estiver em período de graça, ou seja, embora sem contribuir por não estar exercendo atividade laborativa remunerada, mantiver a qualidade de segurado, como será avaliada a baixa renda? Será considerado o último salário de contribuição ou a ausência de renda?

**Resposta**: O Superior Tribunal de Justiça pacificou o entendimento de que, para a concessão de auxílio-reclusão, o critério de avaliação da renda do segurado que não exerce atividade laborativa remunerada no momento do recolhimento à prisão é a ausência de renda, não o último salário de contribuição. Então, ausente a renda, considera-se o segurado como de baixa renda.

Exemplo: Marcelo, desempregado há 11 (onze) meses, foi preso em regime fechado em março de 2020, quando o valor considerado para baixa renda era igual ou menor que R$ 1.425,56 (um mil, quatrocentos e vinte e cinco reais e cinquenta e seis centavos). O seu último salário de contribuição havia sido de R$3.000,00 (três mil reais). De acordo com o entendimento pacificado no STJ, eventual dependente de Marcelo tem direito ao auxílio-reclusão, porque, no momento da prisão, Marcelo não tinha renda alguma.

*Atenção! Nesse exemplo, Marcelo mantinha a qualidade de segurado mesmo sem exercer atividade laborativa remunerada e, consequentemente, sem contribuir, porque estava no chamado período de graça. Período de graça, por sua vez, são hipóteses previstas na Lei em que a pessoa mantém a qualidade de segurado mesmo sem contribuir. Exemplos: Enquanto o segurado estiver em gozo*

## Capítulo 12  Auxílio-Reclusão

de benefício previdenciário (menos auxílio acidente) e até 12 (doze) meses após a soltura do segurado detido ou recluso.

### 126  Quem é considerado dependente para o recebimento de auxílio-reclusão?

**Resposta**: São considerados dependentes para fins de recebimento de auxílio-reclusão as mesmas pessoas que na pensão por morte. Aqui, cabem as mesmas explicações feitas para os dependentes no caso da pensão por morte.

*Atenção!* O INSS tem concedido auxílio-reclusão para os filhos do segurado preso em regime fechado que nasçam depois do recolhimento à prisão, a partir da data do nascimento. Porém, o INSS não tem concedido o benefício para o cônjuge se o casamento ocorre durante o período de prisão. Nesse último caso, o INSS nega o benefício porque a dependência é superveniente à prisão. Ou seja, a dependência é posterior ao recolhimento e, portanto, o INSS não concede o auxílio-reclusão.

Exemplo 01: Mauro e Beatriz eram casados quando ele foi preso em regime fechado. Durante o período em que Mauro estava preso, nasceu o filho do casal. Nesse caso, o INSS tem concedido auxílio-reclusão para o filho que nasceu depois do recolhimento à prisão, a partir da data do nascimento. Evidentemente, o INSS concede o benefício desde que presentes os requisitos necessários, ou seja, basicamente, que Mauro fosse segurado de baixa renda no momento da prisão.

Exemplo 02: Lucas e Bela namoravam quando ele foi preso em regime fechado. Porém, o recolhimento à prisão não impediu que Lucas e Bela se casassem civilmente. Agora cônjuge de Lucas, Bela requereu ao INSS a concessão de auxílio-reclusão porque quando ele foi preso em regime fechado era segurado de baixa renda. A concessão do benefício será indeferida pelo INSS porque a dependência de Bela é posterior ao fato gerador do benefício. Ou seja, como eles se casaram depois da prisão e antes apenas namoravam, o auxílio-reclusão não é direito de Bela.

**127** **A concessão do auxílio-reclusão depende de carência, ou seja, de um número mínimo de contribuições pelo segurado preso em regime fechado para que o seu dependente possa receber o benefício?**
**Resposta**: Sim. De acordo com a Lei, são necessárias 24 (vinte e quatro) contribuições mensais.

*Atenção! Antes, a concessão do auxílio-reclusão já dispensou a carência. Porém, desde 2019, a Lei passou a exigir a carência de 24 (vinte e quatro) contribuições mensais para a concessão do auxílio-reclusão. Porém, registramos que a população carcerária brasileira de um modo geral tem histórico de baixos períodos de contribuição.*

**128** **Qual é o valor do auxílio-reclusão?**
**Resposta**: A reforma da previdência previu que até que a Lei defina o valor do auxílio-reclusão, ele será calculado igual ao valor da pensão por morte. Porém, ainda de acordo com a mesma reforma, será limitado a 01 (um) salário mínimo, no máximo. Assim, na prática, o dependente do segurado recluso após 12 de novembro de 2019 deverá receber exatamente 01 (um) salário

mínimo. Entendemos que o valor do auxílio-reclusão deverá ser exatamente de 01 (um) salário mínimo, porque assim como a emenda constitucional da reforma da previdência previu teto de 01 (um) salário mínimo para esse benefício, já havia previsão constitucional de que nenhum benefício previdenciário que substitua a renda mensal do beneficiário (do segurado ou do dependente) pudesse ser menor que 01 (um) salário mínimo. Como o auxílio-reclusão substitui a renda mensal dos dependentes, não poderá ser menor que o salário mínimo. Então, não podendo ser maior, nem menor, deverá ser exatamente de 01 (um) salário mínimo.

## AUXÍLIO-RECLUSÃO

| MITOS | VERDADES |
|---|---|
| O auxílio-reclusão é pago para "bandido". | O auxílio-reclusão é devido ao dependente do segurado de baixa renda preso em regime fechado. |
| Os dependentes de qualquer preso têm direito ao auxílio-reclusão. | Somente os dependentes do preso em regime fechado que exercia atividade remunerada e contribuía para a seguridade social têm direito ao auxílio-reclusão. |
| Quanto mais dependentes, maior o valor do auxílio-reclusão. | O segurado que não estiver exercendo atividade laborativa remunerada no momento da prisão será considerado de baixa renda, independentemente de seu último salário de contribuição. |
| Antes da reforma da previdência, não havia um valor fixo para o auxílio-reclusão; ele dependia do salário de contribuição do segurado preso. | A partir da reforma da previdência, o valor do auxílio-reclusão será de 01 (um) salário mínimo. |

## Capítulo 13

# Noções de Custeio

**129) O que torna alguém segurado obrigatório do RGPS?**

**Resposta**: O vínculo entre a pessoa e o RGPS é o exercício de uma atividade laborativa remunerada. Ao exercer uma atividade laborativa remunerada, automaticamente a pessoa se torna segurado obrigatório do RGPS. Daí, surge o dever de o segurado contribuir para a seguridade social. Desse modo, preenchidos os requisitos legais, diante de um risco social (como a incapacidade para o trabalho, a morte etc.) o segurado (ou os seus dependentes) poderá receber benefícios e serviços a cargo do INSS.

**130) Aquele que não exerce uma atividade remunerada pode fazer alguma coisa para ser amparado pela proteção social a cargo do INSS, se e quando atingido por um risco social?**

**Resposta**: Sim. A universalidade do atendimento traz a possibilidade de que aquele que não exerce uma atividade laborativa remunerada possa contribuir facultativamente e, desse modo, ser amparado. É o que se chama de segurado facultativo. Um dos exemplos mais comuns é o das donas de casa que, embora muito trabalhem, o fazem de forma não-onerosa, ou seja, não recebem remuneração por isso. Então, se desejarem, podem contar com o amparo social caso sejam atingidas por algum risco social, como a incapacidade para realizar as suas atividades habituais, contribuindo como seguradas facultativas.

*Atenção! Somente pode ser segurado facultativo aquele que não exerce atividade remunerada.*

### 131 Quem são os beneficiários do RGPS?

**Resposta**: A palavra beneficiários corresponde a um gênero que abrange as espécies segurados e os seus dependentes. Os segurados, preenchidos os requisitos legais, têm direito às aposentadorias e ao auxílio por incapacidade temporária (antigo auxílio-doença); os dependentes, por sua vez, também preenchidos os requisitos legais, têm direito ao auxílio-reclusão e à pensão por morte.

### 132 Quais são as modalidades de segurados do RGPS?

**Resposta**: Os segurados do RGPS, em regra, são obrigatórios porque ao exercer uma atividade laborativa remunerada nasce o vínculo entre o trabalhador e o RGPS. Porém, aquele que não exerce uma atividade laborativa remunerada pode contribuir facultativamente e, desse modo, ser amparado (segurado facultativo).

*Atenção! Os segurados obrigatórios podem ser os empregados, inclusive os domésticos, os contribuintes individuais, os trabalhadores avulsos e os segurados especiais.*

### 133 Com a reforma da previdência, como ficaram as contribuições sociais dos empregados, inclusive os domésticos, e dos trabalhadores avulsos?

**Resposta**: Desde 1º de março de 2020, as alíquotas são de 7,5%, 9%, 12% ou 14%. Essas alíquotas são aplicadas de forma progressiva, ou seja, incidirá cada alíquota sobre a faixa de valores compreendida nos respectivos limites. Em outras palavras, não mais incidirá uma alíquota única sobre a base de cálculo total da contribuição social. Tecnicamente, se estabeleceu verdadeira cumulatividade. Por essa cumulatividade (que retira simplicidade do cálculo), aplicam-se percentuais diferentes, gradualmente, a cada faixa de rendimentos. Matematicamente, a carga tributária suportada pelos trabalhadores será, efetivamente, um pouco menor.

Exemplos:

| Valor Simulado | Alíquota | Salário de Contribuição | Contribuição Progressiva |
|---|---|---|---|
| R$ 4.180,00 (04 salários mínimos) | 7,5% | Até 1.045,00 | R$ 78,37 |
| | 9% | De 1.045,01 a 2.089,60 | R$ 94,01 |
| | 12% | De 2.089,61 a 3.134,40 | R$ 125,37 |
| | 14% | De 3.134,41 a 4.180,00 | R$ 146,38 |
| | | Total | R$ 444,13 |

| Valor Simulado | Alíquota | Contribuição Não-Progressiva | Diferença |
|---|---|---|---|
| R$ 4.180,00 (04 salários mínimos) | 14% | R$ 585,20 | R$ 141,07 |

### 134 Quem é contribuinte individual e como ele deve contribuir?

**Resposta**: Pode ser considerado contribuinte individual todo aquele que trabalha por conta própria, ou seja, todo aquele trabalhador que presta serviços sem vínculo

### Capítulo 13 Noções de Custeio

empregatício, sem contrato de trabalho regido pela CLT. São alguns exemplos de contribuinte individual: as diaristas, os eletricistas, as manicures, os síndicos remunerados, os motoristas de táxi ou de aplicativos (como Uber, Cabify etc.), entre outros. Os profissionais liberais, como os médicos, os dentistas, os advogados etc., também são contribuintes individuais. O mesmo ocorre em relação aos empresários que não recebam pro labore da empresa.

*Atenção! Os popularmente conhecidos como trabalhadores "autônomos" tecnicamente são contribuintes individuais do RGPS.*

A contribuição dos contribuintes individuais pode variar. Vamos lá:

a) Pelo plano normal, a contribuição do contribuinte individual é de 20% (vinte por cento) sobre o salário de contribuição. O salário de contribuição, sobre o qual incide os 20% (vinte por cento), não pode ser inferior a 01 (um) salário mínimo nacional, sob pena de aquela contribuição não ser computada. Atualmente, o salário mínimo nacional é de R$1.045,00 (um mil e quarenta e cinco reais)[4]. Além disso, existe um teto contributivo que, atualmente, é de R$6.101,06 (seis mil, cento e um reais e seis centavos). Caso o segurado contribuinte individual contribua além do teto, ele tem direito à devolução do valor excedente, ou seja, à devolução do tributo que recolheu a mais sem precisar (repetição do indébito tributário).

*Atenção! Os recolhimentos efetuados no plano normal servirão para contagem de tempo de contribuição e de concessão de todos os benefícios previdenciários.*

[4] Valor vigente até a data de fechamento desta edição, em 01/09/2020.

Exemplo: Rogério, eletricista "autônomo", é contribuinte individual do RGPS. Desse modo, ele deve efetuar o recolhimento das suas contribuições até o dia 15 (quinze) do mês seguinte àquele a que se refere a contribuição. Ou seja, a contribuição referente ao mês de janeiro deverá ser paga até o dia 15 de fevereiro. A contribuição referente ao mês de fevereiro deverá ser paga até o dia 15 de março e, assim, sucessivamente.

b) Pelo plano simplificado (que é uma forma de inclusão previdenciária), o contribuinte individual que não preste serviço nem tenha relação de emprego com pessoa jurídica, contribuirá exclusivamente com 11% (onze por cento) sobre o sobre o valor do salário mínimo nacional vigente no momento do recolhimento.

*Atenção! As contribuições pelo plano simplificado não dão direito à aposentadoria por tempo de contribuição nem à CTC.*

c) O microempreendedor individual (MEI) contribui para o RGPS com 5% (cinco por cento) sobre o salário mínimo nacional vigente.

*Atenção! Nesse caso (MEI), o vencimento será até o dia 20 (vinte) de cada mês. As guias para recolhimento (DAS) são geradas no próprio portal: www.portaldoempreendedor.gov.br.*

### 135) Como deve contribuir o segurado facultativo?

**Resposta**: Quem não exerce atividade laborativa remunerada e quer contar com o amparo da previdência social deve se filiar ao RGPS e efetuar a 1ª (primeira) contribuição sem atraso para ser considerado segurado. Assim como o contribuinte individual, o segurado facultativo pode contribuir pelo plano normal ou pelo plano simplificado. Vamos lá:

a) Pelo plano normal, a contribuição do segurado facultativo é de 20% (vinte por cento) sobre o salário de contribuição. O salário de contribuição, sobre o qual incide os 20% (vinte por cento), não pode ser inferior a 01 (um) salário mínimo nacional, sob pena de aquela contribuição não ser computada. Atualmente, o salário mínimo nacional é de R$1.045,00 (um mil e quarenta e cinco reais). Além disso, existe um teto contributivo que, atualmente, é de R$6.101,06 (seis mil, cento e um reais e seis centavos). Caso o segurado facultativo contribua além do teto, ele tem direito à devolução do valor excedente, ou seja, à devolução do tributo que recolheu a mais sem precisar (repetição do indébito tributário).

Exemplo: Sandra, estudante, é segurada facultativa do RGPS. Desse modo, ela deve efetuar o recolhimento das suas contribuições até o dia 15 (quinze) do mês seguinte àquele a que se refere a contribuição. Ou seja, a contribuição referente ao mês de janeiro deverá ser paga até o dia 15 de fevereiro. A contribuição referente ao mês de fevereiro deverá ser paga até o dia 15 de março e, assim, sucessivamente.

b) Pelo plano simplificado (que é uma forma de inclusão previdenciária), o segurado facultativo contribuirá exclusivamente com 11% (onze por cento) sobre o valor do salário mínimo nacional vigente no momento do recolhimento.

*Atenção! As contribuições pelo plano simplificado não dão direito à aposentadoria por tempo de contribuição nem à CTC.*

**136 Existe alguma contribuição diferente para o segurado facultativo que pertença à família de baixa renda?**

**Resposta**: Sim. Para o segurado facultativo que pertença

à família de baixa renda, seja homem ou mulher que se dedique exclusivamente ao trabalho doméstico, ou seja, dono(a) de casa, e não tenha renda própria, é possível contribuir com 5% (cinco por cento) sobre o salário mínimo nacional vigente.

Exemplo: Madalena, dona de casa sem renda própria, pertence a uma família cuja renda mensal é de até 02 (dois) salários mínimos. Ela é segurada facultativa de baixa renda (dona de casa) do RGPS. Desse modo, ela deve efetuar o recolhimento das suas contribuições, no valor de 5% (cinco por cento) sobre o salário mínimo, até o dia 15 (quinze) do mês seguinte àquele a que se refere a contribuição. Ou seja, a contribuição referente ao mês de janeiro deverá ser paga até o dia 15 de fevereiro. A contribuição referente ao mês de fevereiro deverá ser paga até o dia 15 de março e, assim, sucessivamente.

*Atenção! É preciso que a pessoa esteja inscrita no Cadastro Único para Programas Sociais do Governo Federal.*

**137 O segurado facultativo que contribua com 5% (cinco por cento) sobre o salário mínimo tem direito a todos os benefícios previdenciários?**

**Resposta**: Não. Ele não tem direito à aposentadoria por tempo de contribuição nem à CTC.

## Capítulo 14

# Códigos de Benefícios

Os benefícios previdenciários e assistenciais são identificados por códigos nos documentos oficiais do INSS. Para facilitar a compreensão e a identificação desses documentos, o quadro abaixo traz o significado de cada um.

| BENEFÍCIO | CÓDIGO |
|---|---|
| BPC-LOAS PCD | B-87 |
| BPC-LOAS pessoa idosa | B-88 |
| Aposentadoria por idade | B-41 |
| Aposentadoria por tempo de contribuição | B-42 |
| Aposentadoria da pessoa com deficiência | ---- |
| Aposentadoria por incapacidade permanente previdenciária | B-32 |
| Aposentadoria por incapacidade permanente acidentária | B-92 |
| Auxílio por incapacidade temporária previdenciário | B-31 |
| Auxílio por incapacidade temporária acidentário | B-91 |
| Auxílio-acidente previdenciário | B-36 |
| Auxílio-acidente acidentário | B-94 |
| Salário-maternidade | B-80 |
| Pensão por morte | B-21 |
| Auxílio-reclusão | B-25 |

# Siglas

**BPC-LOAS** – Benefício de prestação continuada da Lei Orgânica da Assistência Social
**CAT** – Comunicação de Acidente de Trabalho
**CF/1988** – Constituição Federal, de 05 de outubro de 1988
**CLT** – Consolidação das Leis do Trabalho
**CTC** – Certidão de Tempo de Contribuição
**DER** – Data de entrada do requerimento
**DIB** – Data de início do benefício
**FP** – Fator previdenciário
**INSS** – Instituto Nacional do Seguro Social
**LOAS** – Lei Orgânica da Assistência Social
**RGPS** – Regime Geral de Previdência Social
**STF** – Supremo Tribunal Federal
**STJ** – Superior Tribunal de Justiça

Disseminar a consciência crítica sobre a existência desses direitos e esclarecer dúvidas dos destinatários das políticas previdenciárias, objeto de inúmeras e recentes alterações normativas, é essencial para orientar o indivíduo a respeito de sua exata posição jurídica na atualidade.

*Afinal, quando vou me aposentar?* é um livro dedicado ao cidadão. Como o próprio autor esclarece, o objetivo é empoderá-los, tornando-os aptos para tomar decisões e exercitar direitos. Essa é a beleza da proposta.

Em linguagem acessível, o livro aborda relevantes questões em matéria de benefícios e custeio, em sintonia com as alterações normativas recentes (EC 103/2019) e decisões mais importantes dos tribunais (especialmente do STF).

Não é uma obra que se pretenda completa ou definitiva, mas sim útil ao leigo.

O grande mérito é oferecer ao cidadão um roteiro de informações claras e sistematizadas, atualizadas com as reformas legislativas e decisões da jurisprudência, contendo exemplos práticos e ilustrativos de situações previdenciárias e assistenciais concretas.

É um guia capaz de orientar o cidadão para conhecer melhor e com isso poder exercitar e defender seus direitos previdenciários, direito social fundamental.

**Décio Gabriel Gimenez**
*Juiz Federal – titular da 3ª Vara Federal Civil e Previdenciária de Santos. Professor de Direito Administrativo na UNISANTA. Mestre e Doutorando em Direito Administrativo pela PUC/SP.*

# Posfácio

Com muita alegria, tenho a honra de fazer parte desta obra, escrita pelo professor Danilo de Oliveira, com quem compartilho a rica experiência da docência na Universidade Santa Cecília (UNISANTA), localizada na Baixada Santista (SP).

Num tempo de constantes mudanças e profundas incertezas, o ser humano somente possui capacidade plena de exercer a cidadania quando toma consciência de que é titular de direitos e tem domínio sobre a existência e extensão deles.

Num país em que a cultura de respeito aos direitos humanos está em construção, é papel dos educadores fomentar a circulação do conhecimento e subsidiar o crescimento da consciência coletiva sobre a configuração de cada um dos direitos fundamentais.

Os direitos previdenciários integram a Seguridade Social (art. 194, CF) e qualificam-se como direitos sociais (art. 6º da Constituição Federal), compondo o mosaico de prestações positivas (direitos fundamentais de segunda geração), de iniciativa e responsabilidade dos Poderes Públicos e da Sociedade, colocados à disposição dos indivíduos. Consistem em prestações que buscam proteger os indivíduos em situações de contingência, risco ou vulnerabilidade, assegurando-lhes apoio e fonte de subsistência em prol da manutenção de uma vida digna, num ambiente de solidariedade social.